LA PUBERTÉ
chez les filles

Québec
Gouvernement du Québec – Programme de crédit d'impôt
pour l'édition de livres – Gestion Sodec

info@lesmalins.ca

Éditeur : Marc-André Audet
Conception graphique et montage : Energik Communications

Dépôt légal – Bibliothèque et Archives nationales du Québec, 2011
Dépôt légal – Bibliothèque et Archives Canada, 2011

ISBN : 978-2-89657-086-7

Imprimé au Canada

Les éditions Les Malins inc.
1447, rue Wolfe
Montréal (Québec)
H2L 3J5

LA PUBERTÉ chez les filles

Table des matières

Introduction

Quand tu étais plus petite, les choses te semblaient peut-être plus simples : ton corps ne subissait pas toutes sortes de transformations et tu ne te posais pas autant de questions sur la vie, la famille, l'amour, la sexualité et ton propre corps. Depuis quelque temps, tu remarques toutefois de grands changements. Que ces transformations te terrifient, te mystifient ou t'enchantent, tu ne peux faire autrement que d'y faire face, et ce livre est conçu pour t'aider à comprendre et à traverser l'étape de ta vie que tu viens d'entamer: la puberté.

La puberté, c'est quoi ?

En quelques mots, la puberté, c'est quand ton esprit et ton corps d'enfant se transforment peu à peu pour devenir un adulte. Non seulement tu observes des changements physiques, comme tes seins qui se mettent à pousser, tes premières règles, des poils qui apparaissent un peu partout sur ton corps et une poussée de croissance qui fait en sorte que tu n'arrives plus à rentrer dans tes vêtements, mais ton esprit, lui aussi, prend de la maturité au fil du temps. La puberté est intimement liée aux hormones de croissance qui provoquent le développement des formes de ton corps, de tes organes génitaux, de ton caractère sexuel et de tes premières menstruations. Tu commences de plus en plus à te questionner sur tes nouvelles formes, sur ta sexualité, sur ton apparence physique, sur les choses de la vie. En d'autres mots, tu es en pleine transition, et il se peut que ça te fasse peur. Quoi qu'il en soit, souviens-toi que tu n'es pas seule, car toutes les filles et tous les garçons du monde traversent cette étape de la vie. Il vaut donc mieux t'armer de patience, apprendre à accepter ce qui t'arrive et chercher à t'informer sur les changements que tu vis et sur les questions qui te tourmentent.

La puberté, c'est quand ?

Chaque personne se développe à un rythme différent, et la puberté peut survenir à des moments distincts, selon chacune. Par exemple, une fille peut avoir ses premières règles à 9 ans, tandis qu'une autre ne commencera à se développer qu'autour de 13 ans. De façon générale, la puberté fait son apparition entre 9 et 15 ans, mais certaines filles peuvent être plus précoces ou plus tardives, alors ne t'en fais pas si tu fais partie d'une de ces catégories. Tu dois aussi savoir que la puberté arrive bien souvent sans crier gare et sans te donner le temps de te préparer aux premiers signes. Par contre, elle s'étend souvent sur plusieurs années, te donnant ainsi la chance de t'adapter peu à peu aux changements que tu traverses et de t'informer davantage sur les doutes et les questionnements qui te chicotent.

La puberté, ça dure combien de temps ?

Tel que mentionné précédemment, la puberté s'étire souvent sur plusieurs années. Certaines filles vont vivre la majorité de leurs changements physiques entre 10 et 13 ans, alors que d'autres les connaîtront entre 12 et 16 ans. Il n'existe pas de période ou d'âge précis. Au cours de ces années, les hanches, les cuisses et les fesses se développent et s'élargissent de façon à préparer ton corps à donner naissance à des bébés lorsque tu seras plus grande. C'est le passage de l'enfance au monde adulte, et c'est l'une des étapes les plus marquantes chez une fille. D'autre part, la puberté s'avère plus facile si tu prends soin de toi et de ton corps. Dans ce livre, tu apprendras toutes sortes de choses concernant ton anatomie, ton hygiène et ta sexualité, ainsi que des petits trucs et conseils qui te permettront d'être en super forme et de te sentir mieux dans ton corps.

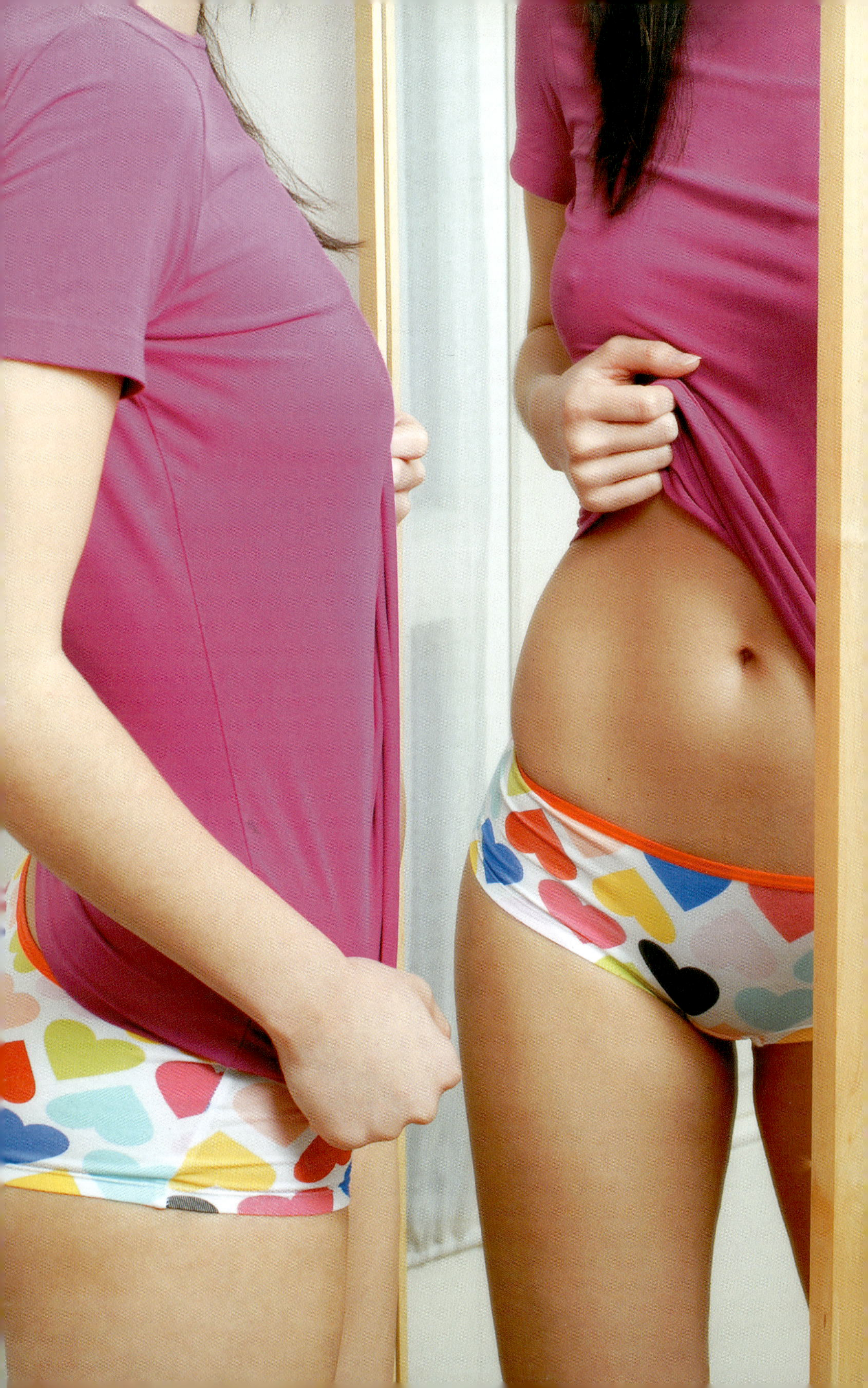

Chapitre 1 :

Le corps à l'adolescence

Il va sans dire que le corps d'une fille traverse toutes sortes de transformations majeures durant la période de la puberté. Tu as peut-être déjà remarqué que tes hanches se sont élargies, que tes seins sont plus sensibles et commencent à pousser, que tu as de petites vergetures sur les fesses, que ton visage s'allonge et que des poils poussent sous tes aisselles et sur ton pubis. En plus, tu remarques chez toi un changement d'attitude. Tu te trouves plus sensible, plus coquette, plus attentive à ton corps et à ton apparence. Il se peut aussi que tu commences à éprouver de l'attirance physique à l'égard de quelqu'un d'autre et que tu te poses plein de questions à ce sujet. Quoi qu'il en soit, sache que tu es tout à fait normale. La puberté, c'est non seulement une période de transformations majeures ; c'est aussi une époque de questionnements et de doutes auxquels tu dois faire face en te disant que même si tu te sens parfois seule au monde, c'est loin d'être le cas.

AU PRIMAIRE, J'ÉTAIS TOUJOURS LA PLUS PETITE ET J'ÉTAIS UN PEU JALOUSE DES AUTRES FILLES, MAIS EN UN ÉTÉ, J'AI RATTRAPÉ LES AUTRES ET JE SUIS MAINTENANT UNE DES PLUS GRANDES DE MA CLASSE !

VÉRO

La croissance

Il peut s'écouler de nombreuses années entre le début de ta puberté et le moment où tu auras terminé ta croissance. Entre-temps, tu auras à affronter toutes sortes de changements physiques majeurs qui feront en sorte que tu te sentiras de plus en plus différente. Si tu vois tes oncles et tes tantes une fois par année au jour de l'an et qu'ils ne cessent de répéter à quel point tu as grandi, c'est probablement que ta croissance a débuté. Tu le remarques peut-être aussi lorsque tu essaies d'enfiler tes vêtements et que tu n'arrives plus à entrer dedans, ou alors lorsque tu montes sur la balance et que tu réalises que tu as pris pas mal de poids en quelques mois.

C'est normal de connaître une poussée de croissance au début de la puberté. Tu t'es mise à grandir de façon impressionnante dès l'âge de 9 ans, et il se peut que tu dépasses toutes tes copines pendant quelques années, jusqu'à ce que tu cesses de grandir et que ce soit à leur tour de te dépasser. Donc si tu as 13 ans, que tu es la plus petite de ta classe et que tu n'as pas commencé à grandir, pas de panique ! Il se peut très bien que tu rattrapes les autres plus tard et même que tu les dépasses. N'oublie pas qu'il y a des filles plus précoces et d'autres plus tardives, mais que tôt ou tard, vous en arriverez au même résultat !

Au cours de la puberté, tu dois aussi t'attendre à voir tes hanches s'élargir. Il se peut que tu sois un peu bouleversée de voir tes fesses se développer et d'acquérir des formes sans trop pouvoir le contrôler, mais dis-toi que c'est tout à fait naturel. Après tout, la nature doit te préparer à porter des bébés lorsque tu seras adulte, et ton bassin doit être assez large pour porter un enfant. Il est tout aussi normal que tu prennes pas mal de poids au cours de la puberté. Non seulement tu accumules de la graisse, mais tes muscles et tes os se développent et ton corps se raffermit. Bref, tu grandis, et c'est normal de prendre du poids, sinon tu ressemblerais à une ficelle ! Tu trouves peut-être ça injuste de subir tous ces changements sans le vouloir et tu es sans doute perturbée de te voir ainsi transformée, mais au cours des prochaines années, tu t'habitueras à tes nouvelles formes et quand tu auras terminé ta puberté, tu auras appris à te familiariser avec ton corps et à te sentir mieux dans ta peau.

Les hormones

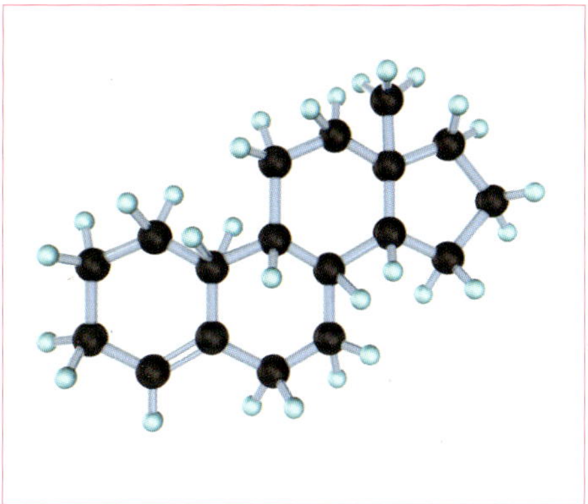

Tous ces changements sont d'abord enclenchés par le cerveau. C'est lui qui envoie des signaux chimiques et qui réveille les hormones, qui s'occupent à leur tour de débuter les transformations liées à la puberté. Tout d'abord, l'hypophyse, une glande située à la base de ton cerveau, s'occupe de produire l'hormone de croissance qui te fera grandir et qui enverra un signal à tes ovaires pour qu'ils s'activent et produisent des hormones sexuelles appelées œstrogènes, qui participent fortement à tous les changements de ton corps, et progestérones, qui jouent un rôle important dans le déclenchement de tes règles. De plus, l'hypothalamus, qui est situé dans la partie inférieure de ton cerveau, fabrique une hormone appelée GnRH (gonadolibérine) qui agit tout au long du processus de puberté. En d'autres mots, l'hypophyse et l'hypothalamus produisent des hormones cérébrales qui envoient des signaux à tes ovaires afin qu'ils produisent à leur tour des hormones sexuelles qui joueront un rôle crucial dans ta puberté et dans tous les changements que connaîtra ton corps.

J'AI DOUZE ANS ET JE ME TROUVE GROSSE, MAIS MA MÈRE ME DIT QUE C'EST JUSTE DU GRAS DE BÉBÉ ET QUE ÇA DISPARAÎTRA À L'ADOLESCENCE. C'EST DUR DE ME SENTIR BIEN DANS MA PEAU.

ANNIE

La pilosité

Dès le début de ta puberté, tu t'apercevras que des poils commencent à pousser sur certaines régions de ton corps. C'est généralement entre 11 et 13 ans qu'on voit apparaître les premiers poils. Ces derniers surgissent de façon éparse sur ton pubis, tes jambes et tes aisselles. Chaque fille possède une texture, une quantité et une couleur de poils différentes. Il s'agit non seulement d'une question d'hormones et de croissance, mais aussi d'hérédité.

Les poils pubiens poussent généralement en premier. Ils sont souvent plus foncés que tes cheveux et sont assez frisés. Si ça te pique ou que ça te dérange, car ils dépassent de ta petite culotte, tu peux essayer de les couper avec de petits ciseaux ou de les raser avec un rasoir, mais fais très attention de ne pas te faire mal.

Viennent ensuite les poils sous les aisselles. Ceux-ci sont souvent beaucoup plus drus que les poils pubiens et ne sont pas très jolis si tu les laisses pousser. La meilleure façon de t'en débarrasser est de mouiller tes aisselles, d'appliquer du savon ou de la mousse à rasage et de passer doucement la lame du rasoir à l'endroit où il y a des poils.

Pour ce qui est des poils sur les jambes, tu te rendras compte qu'ils sont aussi drus que ceux des aisselles, mais qu'ils paraissent beaucoup plus ! Le mieux à faire pour t'en débarrasser est encore ici de les raser à l'aide de mousse ou de savon, mais sois très prudente, car la peau est fragile par endroits (comme sur les genoux et autour des chevilles), et les coupures de rasoir font assez mal ! Tu peux aussi opter pour de la cire à épiler pour emprisonner tes poils dans la résine et les arracher sans laisser de traces, mais cette méthode est plus compliquée et plus dangereuse, car tu risques de te brûler. Même si les résultats sont plus permanents qu'au rasoir, l'épilation peut faire très mal sur le coup, alors il est super important que tu suives bien les indications, et encore mieux, que tu demandes à un adulte de t'aider, au moins la première fois.

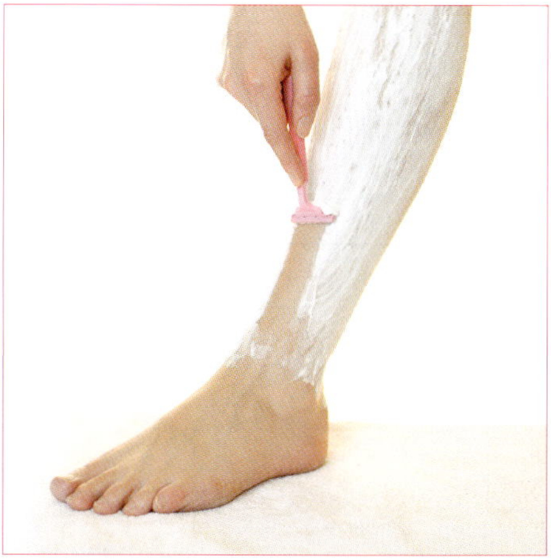

Il se peut que tu aies la peau irritée par la suite, alors assure-toi d'appliquer de la crème hydratante sur tes jambes pour aider ta peau à se réhydrater. Si ça picote beaucoup, il vaut peut-être mieux que tu changes de technique ou de marque de mousse ou de savon.

Toutes les filles doivent apprendre à vivre avec les poils. Il se peut qu'ils te créent des démangeaisons, qu'ils t'énervent ou qu'ils te dégoûtent, mais tu apprendras bien vite à développer une technique pour t'en débarrasser. Parles-en aux autres filles, elles traversent toutes la même chose !

J'AI BEAUCOUP DE POILS ENTRE LES DEUX JAMBES, ET CE N'EST VRAIMENT PAS AGRÉABLE. ÇA PIQUE, ET JE NE VEUX PAS QU'IL Y AIT DU POIL QUI DÉPASSE DE MON COSTUME DE BAIN !

JULIE

La vulve

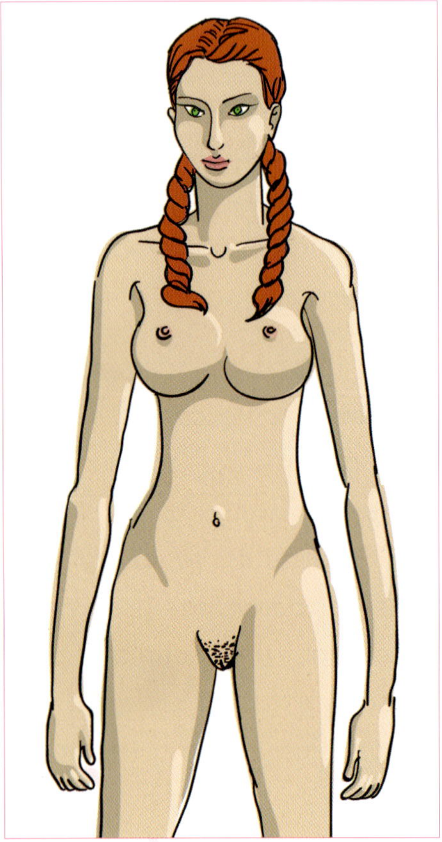

Quand tu grandis, des changements s'opèrent aussi au niveau de ta vulve. Non seulement tu aperçois des poils pubiens, mais tu éprouves aussi des sensations nouvelles dans cette région. Quoi qu'il en soit, il est tout à fait normal que tu sois curieuse de savoir à quoi ressemble ta vulve et de comprendre un peu mieux ton anatomie. Pour ce faire, tu peux utiliser un miroir et le placer devant toi en écartant légèrement tes jambes, car les organes génitaux des filles sont beaucoup plus discrets que ceux des garçons.

Sache d'abord que la vulve est faite de grandes lèvres et de petites lèvres. Les grandes lèvres sont les deux replis de peau assez épais qui sont situés de chaque côté de ta vulve et qui servent à la protéger. Les grandes lèvres peuvent être courtes, longues ou asymétriques, alors ne te casse pas la tête avec ça ! Les petites lèvres sont situées à l'intérieur des grandes lèvres. Elles sont plus minces et plus sensibles que les grandes lèvres. À l'avant de la vulve, au sommet des petites lèvres, tu apercevras une petite excroissance de la même taille qu'un petit pois. Il s'agit de ton clitoris. C'est une zone très sensible qui déclenche une ouverture et une lubrification du vagin quand il est stimulé. Tu remarqueras peut-être qu'il réagit fortement quand tu le caresses ou que tu ressens parfois des sensations assez intenses provenant de cette région. Encore une fois, c'est tout à fait normal ! En dessous du clitoris, à l'entrée du vagin, se trouve l'urètre, par lequel sort l'urine qui est emmagasinée dans ta vessie, et un peu plus bas, tu peux apercevoir l'orifice du vagin, qui est protégé par l'hymen, une petite membrane située à l'entrée du vagin. Si tu es très sportive, il se peut qu'il se déchire avant ta première relation sexuelle. L'orifice du vagin mène aux organes sexuels internes. C'est là que le garçon insère son pénis lors des relations sexuelles. Plus loin derrière se trouve ton anus, qui ne fait pas partie de ta vulve. C'est par là que tu libères tes selles.

L'appareil reproducteur

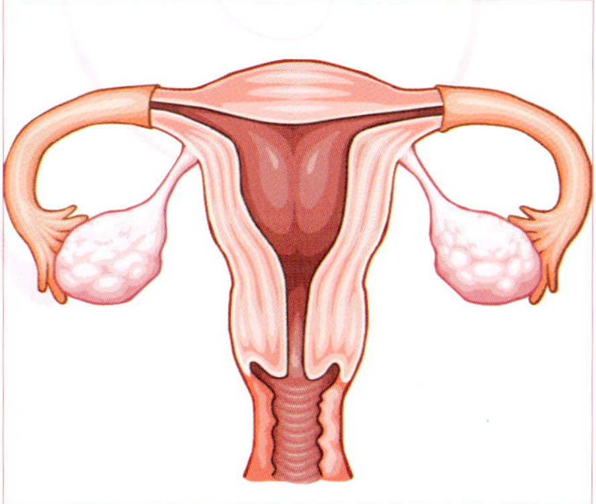

L'appareil reproducteur féminin et les organes sexuels internes sont situés dans le bas de ton ventre. Il est composé de deux ovaires, deux trompes de Fallope et un utérus qui sont reliés au vagin par le col de l'utérus. Chaque partie de ton appareil génital interne occupe une fonction précise.

- Les ovaires sont situés de chaque côté de ton utérus. Ce sont eux qui produisent des ovules. Ces derniers sont emmagasinés à cet endroit depuis ta naissance. Ils atteignent leur maturité au moment de ta puberté et sont alors libérés un après l'autre. Lorsqu'ils ont atteint leur maturité, les ovaires ont sensiblement la même taille qu'une noix.

- Les trompes de Fallope sont des conduits longs et minces qui s'étendent de l'ovaire à l'utérus. C'est à cet endroit que les spermatozoïdes peuvent féconder les ovules lors d'une relation sexuelle entre un homme et une femme pour faire un bébé.

- L'utérus est un organe assez creux qui est destiné à héberger tout au long de son développement un ovule fécondé au cours d'une relation sexuelle et à l'expulser à la fin de la grossesse de neuf mois pour donner naissance à un bébé. Quand le bébé se développe, il est d'abord impossible de déterminer s'il s'agit d'un garçon ou d'une fille puisque les deux embryons sont identiques durant les premières semaines. Au bout de 12 semaines, les médecins sont toutefois en mesure d'apercevoir un clitoris ou un pénis sur l'échographie et par conséquent de déterminer le sexe du bébé.

- Le vagin est le canal qui s'étend du col de l'utérus à la vulve. Il s'agit non seulement de la cavité où l'homme insère son pénis lors d'une relation sexuelle, mais aussi de l'endroit par lequel sort le bébé durant l'accouchement.

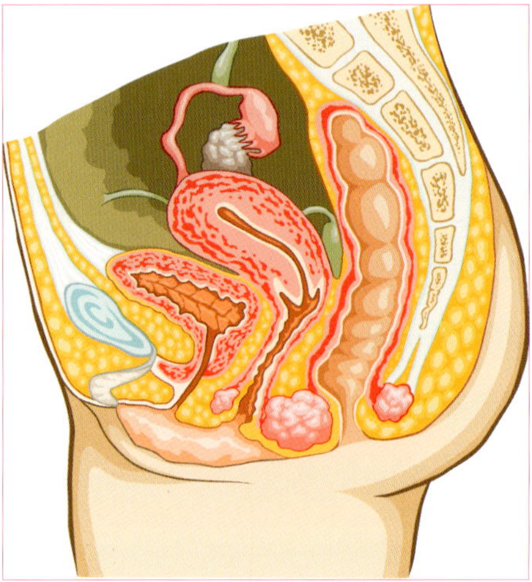

Les seins

Certaines filles traversent leur puberté très tôt, tandis que d'autres doivent attendre la fin de l'adolescence avant de voir leurs seins pousser. Le développement des seins se produit généralement entre 8 et 14 ans, mais encore une fois, toutes les filles se transforment différemment. Si tes amies ont déjà des seins et que tu n'en as pas, ne désespère pas, ils ne sauront tarder à apparaître !

AVANT D'AVOIR MES RÈGLES, J'AI EU DES PERTES BLANCHÂTRES PENDANT QUELQUE TEMPS. JE NE SAVAIS PAS SI C'ÉTAIT NORMAL OU NON, ET JE N'OSAIS EN PARLER À PERSONNE !

KARINE

À quoi ça sert ?

Tu sais sans aucun doute que les filles ont des seins et que les garçons n'en ont pas. Sache que l'utilité première des seins est de produire le lait maternel pour nourrir les bébés. Les seins sont principalement constitués de tissus adipeux (graisse) qui visent à protéger les glandes mammaires servant à sécréter le lait maternel. Quand une maman allaite son bébé, le lait sort par de petits trous invisibles situés sur les mamelons.

Ça fait mal et il m'arrive des trucs étranges !

Le développement de la poitrine peut souvent entraîner des douleurs, ou du moins une sensibilité dans cette région. Il se peut aussi qu'ils picotent et que ça te crée du désagrément. C'est tout à fait normal puisque c'est lié aux hormones, mais sois rassurée, ça passera assez vite ! Il arrive aussi souvent qu'un sein pousse avant l'autre. Si c'est ton cas, ne t'en fais surtout pas, l'autre ne saurait tarder ! La poitrine prend un certain temps à se développer (le développement se termine normalement autour de 16 ans), mais la différence entre tes deux seins finira bientôt par s'estomper ! Il arrive également que le mamelon se forme en premier. Il devient alors dur, gonflé et souvent très sensible. Si c'est le cas, pas de panique ! Ce n'est que la première étape de leur développement, et les seins rattraperont bientôt leur retard. Il se peut aussi que tu remarques de petites traces blanches sur tes seins. Ce sont de petites vergetures qui se forment lorsque les seins poussent et que la peau s'étire. Elles s'estomperont avec le temps. Si tu aperçois des poils autour de tes mamelons, sois sans crainte ! Ils poussent pour protéger les régions sensibles, mais tu peux les éliminer à l'aide d'une pince à épiler. Si tu sens une masse sous ton sein, il s'agit certainement d'un kyste bénin qui est très fréquent chez les jeunes filles. Ne t'inquiète pas, mais parles-en à ta mère et consulte un médecin pour avoir plus d'informations et pour t'assurer que tout va bien. Pour ce qui est des mamelons, il en existe de toutes les formes, et même de plusieurs couleurs ; tu peux avoir les mamelons roses ou bruns, transparents ou foncés, petits ou gros, bombés ou plats, etc. Les mamelons continuent également de se former tout au cours de la puberté, alors ne désespère pas ! Le mieux est d'apprendre à composer avec tes nouvelles formes et de t'accepter telle que tu es.

MES MAMELONS ONT COMMENCÉ À POUSSER AVANT MES SEINS. ILS ÉTAIENT SUPER SENSIBLES, MAIS ÇA S'EST APAISÉ AVEC LE TEMPS.

JULIE-ANNE

Un complexe bien commun

Que ce soit parce qu'ils sont trop petits ou trop gros, les seins ont souvent tendance à nous complexer. Quand on a de petits seins, on ferait tout pour en avoir plus et se sentir plus adulte. On est souvent portée à se comparer à nos amies qui connaissent un développement plus rapide et même à rembourrer notre soutien-gorge pour se sentir mieux. Sache que même si tes seins prennent plus de temps à se développer, ça ne veut rien dire sur la taille qu'ils auront à la fin de leur développement. Tôt ou tard, tu deviendras une jeune femme toi aussi !

Les filles qui ont de gros seins peuvent elles aussi éprouver des complexes à l'égard de leur apparence physique. En effet, ton corps se développe parfois avant ta tête, et ce n'est pas facile d'accepter tous ces changements physiques, ni l'impact que ça peut entraîner autour de toi. Les garçons te regardent peut-être d'une autre façon, et tu ne te sens pas à l'aise dans ton corps. Encore une fois, dis-toi que toutes les filles du monde franchissent cette étape, et que la meilleure chose à faire est d'apprendre à t'accepter telle que tu es et d'apprécier tes nouvelles formes. Les autres ne tarderont pas à te suivre !

Le soutien-gorge

Quand tes seins commencent à pousser, il se peut que tu aies envie de porter un soutien-gorge pour te sentir plus à l'aise, mais avec tous les choix qui existent, ce n'est pas facile de s'y retrouver ! Sache d'abord que le port du soutien-gorge peut te causer un léger inconfort au début et que tu auras peut-être besoin d'un certain temps pour t'y habituer. Le choix d'un soutien-gorge est très personnel : les filles plus actives opteront souvent pour

un soutien-gorge sport qui assure un meilleur support, alors que d'autres choisiront de jolis motifs en dentelle. C'est à toi de déterminer ce dans quoi tu te sens le mieux. Tu peux choisir un soutien-gorge avec des baleines ou avec des élastiques, et décider de la forme, du style ou de la couleur que tu préfères.

La bonne taille...

La taille du soutien-gorge est un critère très important pour te sentir à l'aise. Il paraît qu'environ 80 % des femmes ne portent pas la bonne taille de soutien-gorge. Je te conseille donc de demander à ta mère ou à une vendeuse de prendre tes mesures avant d'en acheter un pour être certaine d'avoir un soutien-gorge qui te convienne. Pour ce faire, mesure le contour de ton buste en passant un ruban à mesurer juste en dessous de tes seins. Au Québec, les mesures de soutiens-gorge sont souvent en pouces, alors il vaut peut-être mieux prendre tes mesures en pouces. Si ta mesure est impaire, tu n'as qu'à ajouter un pouce (31 pouces = 32 pouces). Pour mesurer ton tour de poitrine et ainsi déterminer la taille de ton bonnet, utilise la même méthode en passant le ruban à mesurer autour de ta poitrine plutôt qu'en dessous. Le ruban doit passer par l'extrémité de tes mamelons et faire le tour de ton buste sans les aplatir. Tu dois ensuite calculer la différence entre ton tour de poitrine et ton tour de buste.

Si tu obtiens le même résultat pour les deux, ta taille de bonnet est AA.

Si tu obtiens 1 pouce de différence, ta taille de bonnet est A.

Si tu obtiens 2 pouces de différence, ta taille de bonnet est B.

Si tu obtiens 3 pouces de différence, ta taille de bonnet est C.

Si tu obtiens 4 pouces de différence, ta taille de bonnet est D.

Souviens-toi que le numéro (32, 34, 36) correspond à ton tour de buste, tandis que la lettre (A, B, C, D) correspond à la taille du bonnet de ton soutien-gorge.

Quand j'avais 13 ans, toutes mes amies avaient une poitrine assez développée, et j'étais la seule à être plate comme une planche à repasser. Ma puberté s'est déclenchée un peu plus tard, et aujourd'hui, je me sens vraiment mieux dans ma peau !

Catherine, 16 ans

Quelques conseils :

Le sport permet souvent de définir et d'affermir la poitrine. La natation, les poids légers et le tennis permettent par exemple de développer les pectoraux qui soutiennent les seins.

Si tu as assez de seins, efforce-toi de porter un soutien-gorge tout au long de la journée. Sinon, tu risques d'irriter tes mamelons et d'avoir très mal. Tu te sentiras aussi plus à l'aise de vaquer à tes occupations.

Pense toutefois à retirer ton soutien-gorge avant de dormir pour enlever la pression exercée sur ton dos et dormir plus confortablement.

Les règles

L'un des changements les plus marquants de la puberté est sans aucun doute l'arrivée des premières règles. Il s'agit de saignements évacués par ton vagin une fois par mois. Bien que ça puisse te sembler assez perturbant, sache que cela prouve au contraire que ton corps fonctionne normalement et qu'il est maintenant en mesure de faire des bébés.

Comment ça marche ?

Tout se passe à l'intérieur de ton bas-ventre. Chaque mois, la muqueuse qui recouvre ton utérus s'épaissit pour se préparer à recevoir un ovule fécondé qui deviendra un bébé. Si l'ovule qui est relâché par l'ovaire est fécondé par un spermatozoïde dans la trompe de Fallope, la muqueuse accueille cet ovule pour qu'il puisse se développer tout au long de la grossesse. Si l'ovule n'est pas fécondé par un spermatozoïde, il meurt et la muqueuse commence alors à se désagréger et est ultimement évacuée par le vagin, ce qui engendre les saignements des règles.

La première étape : les pertes blanches

Les premières pertes blanchâtres surviennent quelques mois avant l'arrivée de tes premières menstruations. Il s'agit en fait de sécrétions vaginales qui apparaîtront tout au long de ta vie. Les pertes blanches sont constituées de cellules, et c'est grâce à elles que ton vagin reste toujours protégé, car elles préservent l'équilibre de la flore vaginale. Les pertes blanchâtres sont tout à fait normales et ne veulent pas dire que tu as un problème ! Au contraire, c'est le premier pas vers le monde adulte.

Le cycle menstruel

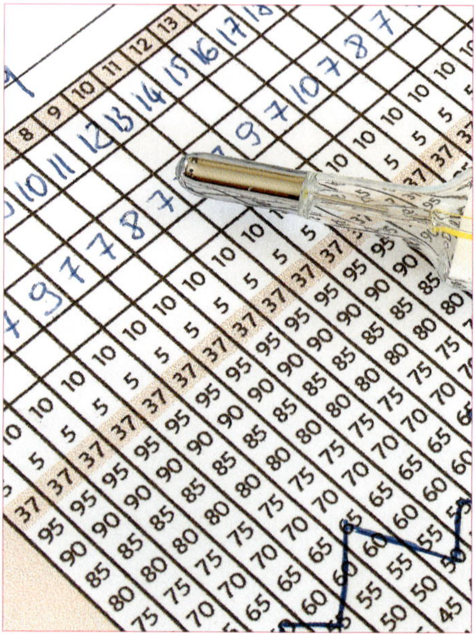

Le cycle menstruel dure environ 28 jours, mais peut varier d'une fille à l'autre. De plus, il se peut que ton cycle menstruel soit plutôt irrégulier dans les premiers temps. De façon générale, le cycle peut varier entre 20 et 35 jours, et les règles durer entre 3 et 7 jours. Au cours des premiers jours du cycle menstruel (normalement les 14 premiers), les œstrogènes provoquent l'épaississement de la muqueuse utérine pour qu'elle puisse accueillir un ovule. Au quatorzième jour, soit celui de l'ovulation, un ovule est expulsé de l'ovaire et descend peu à peu vers l'utérus. C'est d'ailleurs durant cette période que la femme devient extrêmement fertile puisque l'ovule est en mesure de rencontrer un spermatozoïde et de se développer dans l'utérus pour former un embryon, et éventuellement un petit bébé. C'est ensuite le corps jaune qui sécrète de la progestérone, une hormone qui joue un rôle dans l'épaississement de ta muqueuse. Si l'ovule n'est pas fécondé, il meurt et le taux d'hormones chute, ce qui provoque la désagrégation de la muqueuse qui entraîne les saignements après les 28 jours du cycle.

C'est quand ?

Les premières règles surviennent au cours de ta puberté. L'âge des premières menstruations varie d'une fille à l'autre : certaines se développent très rapidement et ont leurs premières règles dès l'âge de 9 ou 10 ans, tandis que d'autres doivent attendre la fin de la puberté. De façon générale, les règles surviennent entre l'âge de 10 et 15 ans, au moment où ton corps se transforme plus intensément.

À savoir

C'est normal de ressentir des maux de ventre, d'avoir les seins sensibles ainsi que le reste du corps, d'éprouver un sentiment de fatigue générale et une plus grande sensibilité ou mauvaise humeur que d'habitude. Les effets physiques et émotionnels des règles varient d'une fille à l'autre, mais si tu as très mal, il existe des solutions pour rendre la situation plus vivable ! Quand l'utérus se contracte pour évacuer la muqueuse, ça provoque souvent des crampes assez désagréables. Tu peux essayer de bouger, car ça apaise la douleur, ou alors dépose une bouillotte d'eau chaude sur le bas de ton ventre si c'est trop douloureux. Si rien ne fonctionne, tu peux avoir recours aux antidouleurs comme l'ibuprofène en prenant bien soin de respecter la posologie. Si tes douleurs ne se calment pas ou que tu continues à ressentir un inconfort, consulte vite un médecin qui pourra te prescrire des médicaments qui te soulageront davantage et te donner plein de petits conseils.

Le SPM

Le syndrome prémenstruel touche la plupart des filles à des degrés différents. Il est engendré par un déséquilibre du taux de tes hormones et survient généralement quelques jours avant tes règles. Il entraîne parfois de la fatigue, des boutons, des maux de tête et une plus grande sensibilité. Par exemple, il se peut que tu aies envie de pleurer sans savoir pourquoi ou que tu te fâches sans raison. Au cours de cette période, essaie de dormir davantage, de bien te nourrir, de faire du sport et de prendre soin de toi !

Serviettes ou tampons ?

Il s'agit d'une décision personnelle. Certaines filles préfèrent porter des serviettes hygiéniques puisqu'elles les trouvent plus faciles à mettre et plus confortables, tandis que d'autres ne jurent que par les tampons qui se transportent mieux et offrent une plus grande sensation de propreté. Il existe toutes sortes de serviettes (parfumées, non parfumées, avec ailes, sans ailes, etc.) et de tampons (avec applicateur en plastique ou en carton, sans applicateur et de grosseurs variables) selon l'abondance de ton flux menstruel. Choisis la méthode qui te semble la plus confortable et qui te gêne le moins.

Comment mettre un tampon ?

Tu dois d'abord savoir que l'application d'un tampon ne te fera pas perdre ta virginité et ne te fera pas saigner davantage. Il se peut que tu aies un peu de difficulté à l'insérer au début. Tu dois te détendre et l'orienter de façon à ce qu'il entre bien dans l'axe de ton vagin. Installe-toi en position accroupie au-dessus de la toilette, puis insère le bout de l'applicateur dans ton vagin tout en gardant l'anneau autour de tes doigts (en t'assurant aussi de tenir la corde vers l'extérieur), puis appuie sur le tube qui se trouve à l'intérieur de l'applicateur pour qu'il propulse le tampon à l'intérieur de ton vagin. Si tu sens que ça chauffe ou que ça frotte, c'est sûrement parce que tu ne l'as pas inséré assez profondément. Il vaut mieux l'enlever et recommencer.

Il est préférable d'essayer au début de tes menstruations, quand le flux est assez important, et de choisir un petit tampon avec applicateur pour te faciliter la tâche. Tes règles sont normalement beaucoup plus abondantes au début de ton cycle, et tu devras changer ton tampon assez souvent (toutes les 3 ou 4 heures). Si tu vois du sang sur la cordelette, ça veut dire que ton tampon est plein, qu'il commence à fuir et qu'il est grand temps de le changer. Tu n'as qu'à tirer sur la cordelette reliée à l'extrémité extérieure du tampon pour le sortir de ton vagin. Enroule-le ensuite dans un mouchoir et jette-le à la poubelle, c'est plus écologique ! Si tu attends trop, des bactéries vaginales peuvent se former et provoquer une infection, alors sois vigilante ! C'est pour cette raison qu'il est préférable d'utiliser une serviette hygiénique pendant la nuit.

Vivre avec les règles

Si tu commences à avoir tes règles, n'aie surtout pas honte ! Ça veut dire que tu es devenue une femme. Il se peut que tu te sentes transformée après tes premières règles, mais dis-toi que les gens autour de toi ne le savent pas et qu'il n'y a pas de raison de te terrer dans ta chambre. Les règles surviendront normalement tous les mois jusqu'au moment de ta ménopause, soit dans environ 35 à 40 ans, alors aussi bien t'y faire. Je t'assure qu'au fil des années, les règles feront partie de ta routine et que tu apprendras à vivre normalement au cours de cette période du mois. Je te conseille tout de même de transporter un tampon et une serviette en tout temps si tes règles ne sont pas régulières, question de ne pas avoir de mauvaise surprise !

Chapitre 2 :

L'hygiène et la santé

L'arrivée de la puberté entraîne toutes sortes de changements corporels. Tu as peut-être déjà constaté que tu transpires plus qu'avant et que tu as davantage besoin de prendre soin de ton corps et de te laver plus souvent pour éviter de sentir mauvais. L'hygiène personnelle est extrêmement importante tout au long de ta vie. Non seulement tu te sentiras plus à l'aise et mieux dans ton corps, mais les gens autour de toi l'apprécieront beaucoup ! Tu dois te laver tous les jours et prendre soin de chaque région de ton corps. Voici quelques règles de base qui pourront sans doute t'être utiles !

Les cheveux

À la puberté, beaucoup de jeunes ont les cheveux gras. En effet, ton cuir chevelu produit du sébum, une sorte de graisse naturelle, pour se protéger et éviter de se dessécher, ce qui cause souvent des cheveux gras. Chaque fille possède un type de cheveux différent, qu'ils soient frisés, raides, ondulés, secs, abîmés, soyeux, fins, gras, etc., et il existe des produits capillaires correspondant à tous les styles. De façon générale, il n'est pas conseillé de te laver les cheveux tous les jours puisque ça risque de les abîmer davantage, au même titre que l'usage quotidien de fers à friser, de fers plats, de laques, de gels et de produits coiffants. Les teintures qui possèdent des produits oxydants assèchent les cheveux et les rendent souvent ternes, alors il vaut mieux que tu utilises des teintures naturelles et non permanentes qui s'estompent au bout de quelques shampoings.

Si tu as les cheveux très gras, il se peut que tu doives les laver tous les jours pour éviter que ça ne paraisse et pour te sentir mieux dans ta peau. Sinon, essaie de les laver tous les 2 ou 3 jours et brosse-les quotidiennement en y allant doucement pour ne pas te faire mal. Si tu as des pellicules, soit de petites peaux mortes, il existe des traitements et des shampoings spéciaux qui aident à les éliminer, alors ne désespère pas. Soigne ton apparence physique et traite tes cheveux aux petits oignons, tu verras que tu te sentiras mieux dans ta peau !

Les oreilles

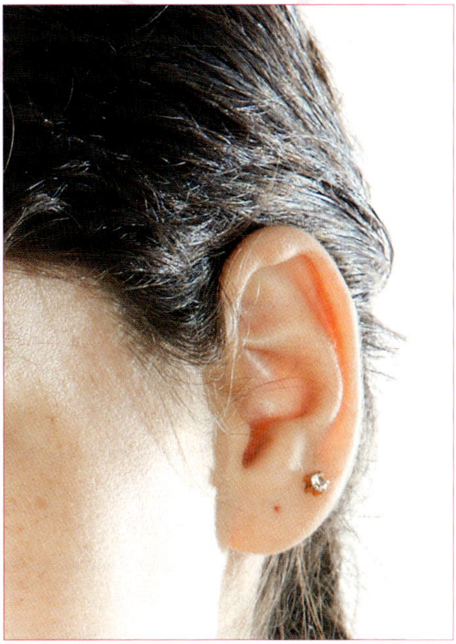

Même si ça te semble bénin, c'est super important de prendre soin de tes oreilles et de les nettoyer souvent. Tu remarqueras que les oreilles produisent de la cire, ou du cérumen, qui empêche les saletés et la poussière d'entrer en contact avec les tympans, membranes qui nous permettent d'entendre.

Ainsi, la cire aide à prévenir les infections, mais si tu n'enlèves pas l'excédent, non seulement ce n'est pas très hygiénique, mais tu risques aussi de bloquer le conduit qui mène les sons extérieurs jusqu'à tes tympans. Il est donc super important de nettoyer tes oreilles avec une débarbouillette humide et un coton-tige en prenant soin de ne pas le faire pénétrer trop profondément dans le conduit. Vas-y délicatement et nettoie le pavillon, l'orifice extérieur et l'entrée de ton conduit auditif quelques fois par semaine.

Les mains

L'hygiène des mains est l'un des éléments les plus importants de l'hygiène quotidienne. Tu te sers de tes mains dans pratiquement tout ce que tu entreprends, que ce soit pour prendre un objet, manger, écrire, te gratter, etc., et tes mains touchent à tout, incluant des objets peuplés de bactéries, de salissures et d'éléments toxiques. Par exemple, quand tu paies pour des bonbons au dépanneur, non seulement tu manipules les sacs et la nourriture, mais tu touches aussi à des pièces de monnaie qui ont été manipulées par des centaines de personnes avant toi. Si tu touches une pièce de monnaie, puis que tu prends un bonbon avec tes mains et que tu le mets dans ta bouche, tu dois être consciente que tu ingères toutes sortes de bactéries et que ce n'est pas très hygiénique.

Une bonne hygiène de tes mains contribue à réduire le risque de transmission de germes, de saletés ou de microbes, et ainsi à prévenir la propagation de bactéries ou de maladies. Plus précisément, si tu te laves ou te désinfectes souvent les mains, tu réduis les risques de transmission de maladies, comme la grippe et la gastro-entérite, et tu t'assures d'avoir une meilleure hygiène personnelle. Il est particulièrement important de te laver les mains après être allée aux toilettes, avoir pratiqué un sport ou une activité salissante, avoir touché des animaux ou avoir utilisé de la monnaie et avant de manipuler des aliments et de manger, de soigner une blessure ou de prendre soin de personnes plus fragiles, comme des bébés, des enfants ou des personnes âgées.

Lave-toi les mains sous l'eau avec un savon doux en prenant soin de bien frotter la paume, le dos de la main, les doigts et les ongles pendant au moins 20 secondes. Rince ensuite tes mains à l'eau tiède et sèche-les avec une serviette propre.

Tu peux te brosser les ongles pour déloger les saletés et éviter de les propager partout. En plus, ce n'est pas très joli d'avoir les ongles sales. Si tu as tendance à accumuler des saletés sous tes ongles, utilise une lime et un coupe-ongle pour les tailler et les nettoyer quotidiennement.

N'oublie pas de te laver les mains avant de toucher ton visage. Si tes mains sont sales, tu risques alors de transmettre des bactéries sur ta peau et de voir apparaître des petits boutons. Bref, lave-toi les mains souvent ! Tu peux aussi trimballer du gel antiseptique pour te nettoyer les mains et éliminer les bactéries à tout moment de la journée. C'est important pour ton hygiène, ta santé et celles des gens qui t'entourent.

La bouche

Tu fais sûrement partie de celles qui détestent aller chez le dentiste et tu as sans doute une hantise des plombages. Pour éviter que tes visites chez le dentiste soient trop douloureuses, tu dois prendre soin de tes dents. Tu auras normalement toutes tes dents d'adulte vers l'âge de 12 ans et tu dois bien les entretenir pour qu'elles restent en santé toute ta vie. Pour ce faire, brosse-toi les dents 2 à 3 fois par jour de haut en bas pour éliminer les débris et passe la soie dentaire avant d'aller au lit. Évite également de manger des aliments trop sucrés, car ils provoquent aussi des caries !

Une bonne hygiène buccale permet non seulement d'avoir des dents blanches et en santé, mais elle permet aussi d'avoir une bonne haleine. Pour éviter de sentir l'ail, le poisson et de te retrouver dans des situations embêtantes, tu peux te gargariser avec du rince-bouche, brosser tes dents après les repas et trimballer une brosse à dents de voyage à l'école pour te rafraîchir l'haleine après les collations.

Enfin, même si tu appréhendes les visites chez le dentiste, il est fortement suggéré de te faire nettoyer les dents et de te faire examiner la bouche tous les 6 mois pour t'assurer que tu n'as pas de carie et que tes dents sont en santé !

Les odeurs

À la puberté, tu remarqueras que tu sues plus qu'avant et que ça t'arrive de dégager une odeur plutôt désagréable. Pour éviter que ça se produise, tu dois prendre un bain ou une douche tous les jours et bien nettoyer toutes les parties de ton corps. Tes glandes sudoripares sont principalement concentrées dans tes organes génitaux et tes aisselles, alors prends bien le temps de laver ces régions avec du savon pour éviter les mauvaises odeurs. N'oublie pas non plus de bien laver ton anus avec du savon doux afin

QUAND J'AI MES RÈGLES, JE TROUVE PARFOIS QUE ÇA SENT MAUVAIS DANS CETTE RÉGION. C'EST POUR ÇA QUE JE CHANGE DE SERVIETTE TRÈS SOUVENT ET QUE J'UTILISE DES TAMPONS.

LAURIE-ANNE, 13 ANS

de déloger les germes qui s'y accumulent, mais ne sois pas trop rude, car il s'agit d'une région très sensible de ton corps. Aussi, change de sous-vêtements et de chaussettes tous les jours, et ne cours pas de risque si tu trouves que ton chandail préféré sent mauvais ; mieux vaut le nettoyer et te sentir bien dans ta peau.

Pour tes aisselles, utilise un déodorant parfumé qui te plaît avant de pratiquer du sport ou le matin avant de te rendre à l'école et d'entamer une journée chargée. Il est souvent déconseillé d'opter pour les antisudorifiques qui contiennent des produits chimiques pouvant être absorbés par le corps. De plus, évite d'en appliquer avant de dormir ; mieux vaut laisser « respirer » tes glandes quand tu es inactive !

En ce qui concerne le parfum, il s'agit avant tout d'une touche personnelle qui complète la toilette, mais ne va pas croire qu'il sert à masquer tes odeurs corporelles ! Après la douche, appliques-en très légèrement dans ton cou pour ne pas causer de mal de tête à tes proches, et prends le temps de choisir une fragrance qui te ressemble et que tu aimes.

JE TRANSPIRE BEAUCOUP QUAND JE FAIS DU SPORT ET JE NE VEUX PAS SENTIR MAUVAIS, ALORS J'AI PRIS LE TEMPS DE CHOISIR UN DÉODORANT QUI ME PLAISAIT À LA PHARMACIE.

BRIGITTE, 11 ANS

Les parties génitales

Tu sais maintenant que tes organes génitaux possèdent plusieurs glandes sudoripares et qu'il est très important de bien laver cette région de ton corps tous les jours avec du savon doux. De plus, tu peux utiliser des petits protège-dessous que tu colles au fond de ta petite culotte pour recueillir les pertes blanches sécrétées par ton vagin afin de te sentir plus à l'aise et de ne pas passer la journée avec une petite culotte humide qui dégage parfois des odeurs assez fortes. Songe aussi à nettoyer ton anus dans la douche et à bien t'essuyer après être allée à la selle. Les saletés et les germes accumulés dans l'anus peuvent créer des infections s'ils entrent en contact avec ton vagin, ta vulve ou ton urètre. Il est donc très important de t'essuyer l'anus de l'avant vers l'arrière après tes selles pour éviter que ça se produise, et de sécher chacune de ces parties individuellement après ta douche ou ton bain. Aussi, n'applique aucun produit parfumé directement sur ta vulve ou ton anus, car ce sont des zones super sensibles de ton corps et ça risque de chauffer et d'irriter ta peau !

Des fois, quand je me lave la vulve, je ne me rince pas assez bien avec de l'eau et ça chauffe par la suite ! C'est super important de bien se rincer à l'eau froide pour enlever complètement le savon.

Amélie, 10 ans

L'acné

La plupart des filles qui traversent la puberté connaissent le calvaire des boutons. Qu'il s'agisse de crises d'acné spontanées, de l'acné sévère qui nécessite un traitement médical ou de petits boutons détestables qui poussent sur ton visage juste avant tes règles, tu fais certainement partie de celles qui les détestent. L'acné juvénile est principalement due à une surproduction de sébum (les substances grasses produites par les glandes) qui bloque les pores de la peau. Les boutons peuvent apparaître sur le visage, le cou, le dos et les épaules.

Les points noirs sont, quant à eux, le résultat de pores obstrués par une accumulation de sébum qui forme un bouchon à la surface de la peau. Lorsque le sébum coincé sous le point noir s'infecte et gonfle, on assiste à l'apparition d'un bouton.

La bonne nouvelle, c'est qu'il existe maintenant des solutions efficaces pour remédier aux problèmes d'acné et prévenir l'apparition de nouveaux boutons. Il est très important de te laver le visage au moins une fois par jour avec un savon pour le visage. Il existe toutes sortes de savons adaptés à tous les types de peau. Si tu as la peau grasse, il vaut mieux que tu utilises un gel conçu à cet effet ; si tu as la peau sèche, opte pour un savon qui puisse hydrater et nourrir ta peau.

Tu peux lire les étiquettes sur les bouteilles pour savoir si le savon est adapté à ton type de peau ou demander l'avis du pharmacien qui pourra t'aider.

Tu peux aussi utiliser des crayons ou des produits pour camoufler les boutons. Étends une mince couche en utilisant une teinte ressemblant à la couleur de ta peau, mais fais attention de ne pas bloquer davantage les pores de ta peau et n'oublie pas de te démaquiller et de te laver le visage avant d'aller au lit.

Les traitements

Si tu souffres d'acné juvénile et que les traitements offerts en pharmacie ne suffisent pas à remédier à ton problème, consulte un médecin ou un dermatologue qui pourra déterminer ton type de peau et te prescrire un traitement adéquat. De nos jours, il existe des crèmes réparatrices ou des médicaments oraux très efficaces qui peuvent faire disparaître l'acné.

Des petits conseils

Le fait de boire beaucoup d'eau t'aide à préserver une belle peau puisqu'elle hydrate et revitalise tout ton corps. Il en est de même avec une alimentation saine. Même si l'alimentation n'est pas directement liée aux problèmes d'acné, certains aliments comme les fruits et les légumes procurent des vitamines qui te permettront de préserver une belle peau et de lui donner plus de couleur et d'éclat. En ce qui concerne le soleil, tu dois être très prudente : bien que les rayons procurent un apport en vitamine D, la surexposition accélère le vieillissement de la peau, entraîne la formation de petites rides et augmente les risques de cancer de la peau. Tu dois toujours enduire ton visage de crème solaire avant de t'exposer au soleil. Assure-toi aussi de te laver les mains avant de te toucher le visage, car tu risques de contaminer ta peau avec des saletés et des impuretés qui provoqueront la formation de boutons.

L'acné touche presque tous les adolescents à une certaine période de leur croissance. Ce n'est pas une maladie de peau permanente, et si tu as des boutons à 12 ans, ça ne veut surtout pas dire que tu auras à les endurer toute ta vie. Si le problème s'aggrave, ne se règle pas avec les produits vendus en pharmacie, te complexe, te gêne, te frustre ou a un impact grave sur ton image personnelle et ta confiance en toi, n'hésite pas à consulter un médecin qui te prescrira le traitement antiacnéique qui te conviendra le mieux.

La cellulite et les vergetures

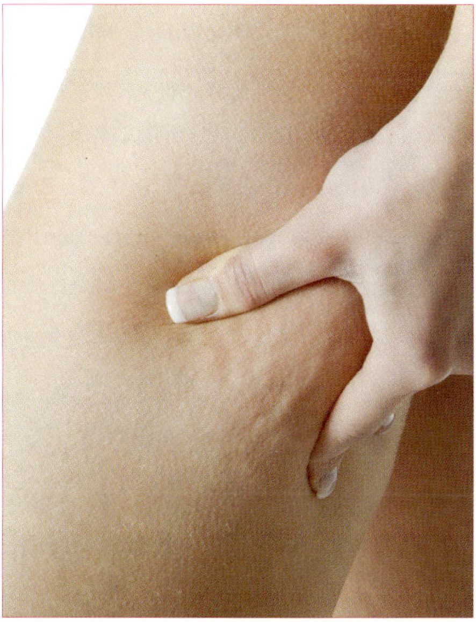

Durant la puberté, ton corps connaît plusieurs transformations importantes. L'une d'elles est la poussée de croissance. Tu grandis très vite, tes seins poussent et tes fesses ainsi que tes hanches élargissent. Il se peut alors que tu aperçoives de petites stries rouges ou blanches sur tes fesses et tes seins, ou parfois même sur ton ventre : ce sont des vergetures. Celles-ci sont dues à l'étirement rapide de ta peau lors d'une poussée de croissance comme celle que tu connais au cours de la puberté. Il arrive aussi souvent que les femmes aient des vergetures sur le ventre lorsqu'elles sont enceintes puisque la peau s'étire beaucoup au fur et à mesure que le bébé se développe. Les vergetures sont souvent rouges au tout début, mais pâlissent avec le temps pour devenir presque transparentes ou même disparaître complètement. Alors si tu en as sur les fesses, ne désespère surtout pas, elles ne tarderont pas à s'estomper.

La cellulite est souvent appelée peau d'orange. Elle est causée par l'inflammation des cellules graisseuses situées sous la peau et peut toucher les filles très minces tout comme les plus enrobées. Environ 9 femmes sur 10 font de la cellulite au cours de leur vie, mais c'est moins fréquent avant l'âge de

15 ans. Durant la puberté, le dérèglement des hormones peut toutefois favoriser la rétention de graisse et provoquer la formation de cellulite. Il existe des crèmes qui aident à raffermir la peau, et les médecins recommandent de boire beaucoup d'eau, d'adopter une alimentation saine, de rester active et de développer un mode de vie sain pour aider à prévenir la peau d'orange. Celle-ci se forme généralement sur les cuisses et les fesses, et il n'existe à ce jour aucun remède miracle pour y remédier.

Quand j'ai vu les petites marques sur mes fesses, j'ai un peu paniqué, mais ma mère m'a expliqué que c'était des vergetures, que c'était normal et qu'elles partiraient avec le temps.

Camille, 10 ans

L'alimentation

Tu sais maintenant que la puberté est synonyme de grands changements physiques. Tu grandis très vite, tu es super active et tu as besoin d'énergie pour surmonter tous les défis qui s'offrent à toi dans une journée. Une alimentation saine et diversifiée t'aidera non seulement à rester en super forme, mais elle te permettra aussi d'entretenir une belle peau et des cheveux en santé, et d'atteindre un poids santé idéal pour ta taille et la structure de ton corps. Selon le Guide alimentaire canadien, les jeunes filles ont besoin de consommer environ 2 000 calories par jour pour fonctionner à plein régime. Les besoins énergétiques varient toutefois selon le métabolisme et le niveau d'activité physique de chacune. Par exemple, une fille très sédentaire peut se contenter de 1 700 calories par jour, alors qu'une fille super active aura peut-être besoin de 2 300 calories. Quoi qu'il en soit, il est très important de manger de façon équilibrée et de consommer des aliments issus des quatre groupes alimentaires. Toujours selon le Guide alimentaire canadien, une adolescente doit consommer de 6 à 7 portions de fruits et légumes par jour, environ 6 portions de produits céréaliers, 3 à 4 portions de lait et substituts et 1 à 2 portions de viandes et substituts. En d'autres mots, les fruits et les légumes doivent représenter environ le tiers de ton alimentation quotidienne, au même titre que les produits céréaliers, tandis que les produits laitiers constitueront environ 15 % et les viandes et substituts 10 à 12 % de ton menu quotidien. De façon générale, essaie de limiter ta consommation de boissons gazeuses et d'aliments sucrés et de réduire ta consommation de sel. De plus, il est préférable d'opter pour les poissons gras comme le thon et le saumon ou pour le poulet plutôt que pour les viandes rouges.

Voici quelques trucs qui pourront t'aider à manger de façon saine et équilibrée :

- Limite ta consommation de malbouffe (fast-food) et d'aliments super caloriques, car ils ne te fournissent que très peu de nutriments sains et essentiels à ta croissance et qu'ils ont tendance à faire grossir inutilement. Je parle ici des sodas, des croustilles, des pizzas, des confiseries et de plusieurs mets offerts dans les établissements de restauration rapide. C'est parfois difficile d'y résister, mais essaie d'en manger le moins souvent possible.

- Bois beaucoup d'eau ! Ça hydrate ton corps et ça revitalise !

- Mange plusieurs petits repas complets plusieurs fois par jour pour que ton métabolisme ne ralentisse pas, pour faire le plein d'énergie et pour brûler les calories plus rapidement ! Le jeûne ralentit le métabolisme en plus de te rendre irritable et de nuire à ta concentration.

- Évite de t'empiffrer avant de dormir, car tu ne pourras brûler ce surplus de calories et tu risques de mal dormir à cause de la digestion. Opte plutôt pour une collation légère.

- Ne saute pas de repas, car ça aura pour effet de ralentir ton métabolisme, de t'affaiblir et de te faire manger davantage au prochain repas.

- Ne saute surtout pas le petit déjeuner. C'est un repas essentiel pour le bon fonctionnement de ton métabolisme. Quand tu te réveilles, ça fait plus de 12 heures que tu jeûnes, et ton corps a besoin de carburant nutritif pour commencer sa journée.

- Fais de l'exercice ! Reste active !

- Mange sainement et de façon équilibrée. Consulte le Guide alimentaire canadien pour t'aider. Tu peux noter ce que tu manges tous les jours pour mieux connaître tes habitudes et pour déterminer les changements que tu dois apporter.

- Remplace le pain blanc par du pain brun. C'est vraiment meilleur pour la santé.

- Opte pour le fromage faible en gras, le yogourt nature ou le lait écrémé. C'est aussi bon et ça fait toute la différence !

Méfie-toi des collations bourrées de sucre et de calories non nécessaires comme les muffins commerciaux, car ils ne sont pas très bons pour la santé. Mieux vaut les faire toi-même et opter pour des aliments frais.

Les régimes

Au cours de la puberté, le corps se développe et se transforme du tout au tout. Ça prend plusieurs années avant qu'il soit complètement défini et que ta croissance soit terminée. En résumé, même si tu trouves ça troublant de voir tes fesses grossir, tes hanches s'élargir, tes seins pousser et tes cuisses se raffermir, sache que tu es en train de devenir une femme, qu'il s'agit d'un processus naturel et que c'est normal que tu prennes du poids au cours de la puberté. En grandissant, les choses auront tendance à s'équilibrer davantage et il se peut fort bien que tu perdes ton gras de bébé ou les livres en trop.

Si tu juges vraiment que tu as quelques livres à perdre, tu dois te fixer un objectif réaliste et raisonnable qui ne te rendra pas malade. Tu dois savoir que toutes les filles ont des formes et des silhouettes différentes, et que tu dois avant tout apprendre à apprécier la tienne. Pour perdre quelques livres, tu dois adopter de bonnes habitudes alimentaires, manger sainement et éviter le plus possible les aliments sucrés et gras qui ont tendance à se loger dans les cuisses et les fesses. Fais du sport et efforce-toi de rester active physiquement pour brûler des calories et te sentir bien dans ta peau. Ne te laisse pas duper par les régimes miracles, les pilules qui font supposément maigrir, les crèmes amincissantes et les méthodes extrêmes pour perdre du poids. Non seulement il s'agit de méthodes malsaines qui causent des carences et entraînent des troubles alimentaires, mais elles n'apportent généralement pas les résultats désirés. Le mieux, c'est d'opter pour la simplicité : prends de petits repas plusieurs fois par jour, mange de façon saine et équilibrée, bois beaucoup d'eau et fais du sport ! Si tu veux suivre un régime plus structuré, tu peux consulter un diététiste ou un nutritionniste qui pourra établir un plan sain et équilibré pour toi plutôt que de suivre des régimes extrêmes qui risquent de nuire à ta santé, ou même de te faire prendre encore plus de poids ! Parles-en aussi à tes parents.

> PARFOIS, JE ME SENS TRÈS MAL DANS MA PEAU, CAR JE ME TROUVE TROP GROSSE. J'ESSAIE DE CONTRÔLER TOUT CE QUE JE MANGE PARCE QUE J'AI TROP PEUR DE GROSSIR.
>
> AVRIL, 12 ANS

Les troubles alimentaires

Même si c'est important de manger sainement et de façon équilibrée, ça ne veut pas dire que tu dois tomber dans les extrêmes et devenir obsédée par la minceur. Durant la puberté, ton corps se développe super vite et il a besoin de carburant pour bien fonctionner. Les régimes extrêmes et les troubles alimentaires peuvent donc s'avérer très dangereux. Il vaut mieux apprendre à t'aimer telle que tu es plutôt que de te comparer aux autres filles ou aux modèles super minces et développer des complexes. La beauté n'est pas synonyme de minceur ; si tu es bien dans ta peau et que tu as confiance en toi, tu dégageras une énergie et une beauté qui attireront les regards et qui te feront sentir encore plus saine.

À la puberté, l'anorexie et la boulimie sont les deux troubles alimentaires les plus fréquents. L'anorexie se caractérise surtout par des habitudes alimentaires malsaines et anormales causées par une peur incontrôlable de prendre du poids et par une obsession de l'image corporelle. Quand une fille est anorexique, elle s'empêchera souvent de manger de peur de prendre du poids. La maladie peut être causée par des facteurs mentaux, émotionnels, psychologiques et sociaux. L'anorexie mentale touche plus de 8 % des filles âgées de 15 à 25 ans au Québec.

Au Canada, 90 % des anorexiques sont des filles et 10 % des garçons, et plus de 80 % des filles admettent avoir suivi un régime avant l'âge de 18 ans. Les anorexiques ont tendance à avoir une image déformée de leur propre corps et sont obsédées par la peur de grossir. Le jeûne volontaire, les vomissements et l'exercice physique pratiqué de façon excessive entraînent alors souvent une perte de poids importante, des irrégularités dans le cycle menstruel (et même l'arrêt complet des règles), un sentiment de fatigue générale et de la difficulté à dormir. Au point de vue du comportement, une adolescente atteinte d'anorexie aura souvent tendance à s'isoler, à se renfermer sur elle-même, à se comparer sans cesse aux autres et à être hantée par son image corporelle. Elle inventera souvent toutes sortes de prétextes pour éviter de manger et développera une obsession et souvent même un dégoût à l'égard de la nourriture. Si tu te reconnais, sache que l'anorexie est un trouble mental qui peut avoir un impact super grave sur ta santé. Il est donc essentiel que tu en parles à un spécialiste, à un médecin ou à un membre de ta famille pour te faire soigner et apprendre à contrôler ta maladie et tes angoisses. Si tu crois qu'une amie est anorexique et qu'elle présente tous les symptômes, essaie de lui en parler calmement. Il se peut qu'elle nie le problème et qu'elle refuse d'abord de t'écouter. Souligne le fait qu'elle a perdu beaucoup de poids et que son comportement a vraiment changé récemment. Si elle refuse toujours d'affronter la réalité, tu peux consulter l'avis d'un médecin ou d'un psychologue qui saura te donner des trucs pour intervenir auprès de ton amie. Il se peut que tu aies besoin du soutien de sa famille et de ses proches pour lui faire prendre conscience de son problème, mais surtout, n'abandonne pas, car tant et aussi longtemps qu'elle n'admettra pas son problème, elle ne pourra reprendre confiance en elle et se faire soigner. L'anorexie est un appel à l'aide qui indique que la personne affectée n'est pas bien dans son corps, alors essaie de la mettre bien à l'aise et d'être à l'écoute.

La boulimie est un autre trouble alimentaire qui se caractérise par un besoin incontrôlable de manger, suivi de comportements inappropriés pour ne pas prendre de poids, comme des vomissements répétés, des exercices physiques excessifs, la prise de laxatifs, etc. Il s'agit aussi d'un trouble alimentaire causé par un manque d'estime de soi souvent lié à la forte pression sociale exercée sur le corps des femmes, à la promotion de la minceur ou à un échec personnel. Il est encore une fois très important d'en parler à un adulte et de recevoir l'aide nécessaire pour pouvoir contrôler les angoisses qui en découlent et maîtriser la maladie.

Le sport et les activités physiques

C'est super important de bouger et de faire du sport pour dépenser de l'énergie, rester en forme et te sentir mieux dans ta peau. Le sport sert aussi à te défouler et à réduire ton stress, ce qui te fera mieux dormir la nuit et te permettra d'être plus concentrée tout au long de la journée. De plus, l'exercice physique permet de raffermir ton corps, de conserver ta ligne et de maintenir ton poids santé, et t'aidera aussi à développer une plus grande confiance en toi. N'oublie pas que tes os et tes muscles se développent et qu'il vaut mieux commencer dès maintenant à bouger pour renforcer ton cœur, raffermir tes muscles, dépenser de l'énergie, garder la forme et prendre soin de ta silhouette.

De tout pour tous les goûts

Il existe toutes sortes de sports que tu peux pratiquer seule ou en équipe. Tu peux opter pour le gym, le jogging ou la marche si tu veux en profiter pour passer un peu de temps seule, écouter de la musique et décrocher du reste du monde.

Sinon, les sports d'équipe te permettent de rigoler avec les autres, de connaître toutes sortes de gens et de développer ton esprit d'équipe. Tu peux aussi essayer des sports plus originaux et voir ce qui te convient le plus : la boxe, le karaté, la capoeira, le judo, la natation, etc. L'important, c'est que tu trouves quelque chose qui te plaise et qui te permette d'avoir du plaisir tout en prenant soin de ton corps.

Si tu méprises les sports, sache qu'il s'agit parfois d'une passion qui se développe au fil du temps. Tu dois te laisser le temps de découvrir tous les bienfaits que cela t'apporte et après quelques séances, tu réaliseras que tu te sens vraiment mieux dans ta peau. Rappelle-toi que l'activité physique te permet vraiment de décrocher, de te surpasser, de te défouler et de te sentir bien dans ton corps. Commence avec des activités physiques modérées et agréables qui te permettent de rester active. Par exemple, tu peux te promener à pied avec ton lecteur MP3, te balader en vélo ou en patins à roues alignées, prendre l'habitude d'utiliser l'escalier plutôt que l'ascenseur, etc. Tu peux aussi demander à une amie de se joindre à toi pour courir dans le parc, pour escalader une jolie montagne, pour faire une balade dans la nature ou pour te promener en ville. Bref, choisis une activité qui te plaît et essaie d'intégrer le sport à ta vie quotidienne en t'efforçant de faire au moins une demi-heure d'activité physique par jour. C'est important pour ton moral, pour ta ligne et pour ta santé présente et future !

Le sommeil et la relaxation

La puberté entraîne de grands changements qui peuvent te sembler assez éprouvants tant au plan physique que mental. C'est pourquoi tu as besoin de dormir et de relaxer pour récupérer et faire le plein d'énergie. Tu as besoin de sommeil pour pratiquer ton sport favori, tes activités préférées et pour pouvoir te concentrer en classe. Quand tu es épuisée, tu traînes de la patte, tu as de la difficulté à faire tes devoirs, à étudier et à passer au travers de ta journée. Rappelle-toi que tu te sens toujours mieux quand tu débordes d'énergie et que tu te sens prête à affronter tous les défis qui se dressent devant toi. Les jeunes entre 8 et 15 ans ont besoin de dormir en moyenne de 8 à 10 heures par nuit pour fonctionner à plein régime. Prends aussi le temps de relaxer, de lire, de prendre un bain et de faire le vide. Non seulement ça t'aidera à dormir, mais ça permet aussi d'oublier tous tes soucis et de te sentir plus légère.

Le tabac

Le tabac est un fléau et un danger qui te guette particulièrement quand tu es jeune, car tu es parfois plus influençable et plus encline à faire de nouvelles expériences. Sache toutefois que la cigarette est mauvaise pour la santé, pour l'esprit et pour le portefeuille, et qu'elle entraîne une forte dépendance. La meilleure façon d'éviter la cigarette, c'est de dire non ! Les cigarettes contiennent des substances toxiques et cancérigènes qui sont responsables de plusieurs maladies pulmonaires, cardiaques, coronariennes et vasculaires causant plus de 10 000 décès par année seulement au Québec. La cigarette augmente non seulement les risques de cancer du poumon (85 % des cas, jusqu'à vingt fois plus de risques), mais aussi des cancers de la vessie, du col de l'utérus, de l'œsophage, du rein, du larynx, de la bouche, du pharynx, du sang, du pancréas et de l'estomac. Elle peut aussi réduire la fertilité en plus d'entraîner la mort.[1] Non seulement le tabac coûte très cher, mais il a tendance à réduire le souffle, à donner mauvaise haleine, à rendre les dents et les doigts jaunes, à sentir mauvais et à donner une vilaine teinte à la peau.

1 Source : Santé et services sociaux du Québec

Il se peut que tu te fasses parfois offrir une cigarette ou que tu aies déjà fumé et que ça te dégoûte. Efforce-toi de respecter tes principes et de ne pas céder à la pression ni au chantage. Si tu fumes, tu dois arrêter, même si c'est difficile. Il existe par ailleurs toutes sortes de ressources mises sur pied pour t'aider à te défaire de ta dépendance et à arrêter de fumer.

Défi j'arrête, j'y gagne :
http://www.defitabac.qc.ca/defi/fr/index.html
info-tabac.ca ; Revue pour un Canada sans fumée :
http://www.info-tabac.ca/
J'arrête. Le site pour s'aider à se libérer du tabac :
http://www.jarrete.qc.ca
La ligne J'arrête : 1-888-853-6666.
Service d'entraide offert du lundi au vendredi.

Les drogues

Les drogues sont une autre source de danger à laquelle tu risques de devoir faire face durant la puberté. Il existe toutes sortes de drogues qui peuvent être absorbées de plusieurs façons. Par exemple, la marijuana et le hachisch sont plus souvent fumés, les champignons hallucinogènes et l'ecstasy sont avalés, la cocaïne est inhalée et l'héroïne est souvent injectée. Quoi qu'il en soit, les drogues causent une dépendance physique et psychologique en un rien de temps et ont des effets très nocifs sur le cerveau, le cœur et l'esprit.

Certains jeunes consomment de la drogue sous l'influence de leurs amis et de mauvaises fréquentations, tandis que d'autres le font pour fuir, pour vaincre l'ennui, pour se rebeller, pour rechercher un bonheur et un plaisir artificiel, pour se sentir plus en confiance ou pour gérer le stress qu'ils vivent. Quoi qu'il en soit, les drogues peuvent mettre ta vie en danger. Elles

ont un impact sur le cerveau et peuvent entraîner des séquelles à long terme (problèmes de santé sévères, difficultés de concentration, pertes de mémoire, etc.) La dépendance entraîne, quant à elle, une difficulté à se prendre en main et à vivre sa vie sans être obsédé par la drogue. Quand on est en sevrage, le corps s'agite de telle façon qu'il devient difficile de contrôler ses agissements. Des gens sous l'emprise de la drogue vont même jusqu'à voler ou menacer leurs amis et leur famille pour se procurer de l'argent et de la drogue. Ils deviennent violents, perdent le contrôle et sont désespérés. Les drogues peuvent donc littéralement détruire tes relations et ta vie en général en plus du risque d'entraîner la mort.

Comme la marijuana est la drogue la plus consommée au Canada, il se peut que tu y sois confrontée dans la vie de tous les jours. Même si elle est plus répandue et qu'elle est considérée comme une drogue douce, la marijuana a des effets nocifs sur la santé. Cette drogue entraîne des pertes de concentration et de mémoire importantes, de l'anxiété, une lenteur accrue à réagir et peut provoquer la dépression. Il est également normal de ressentir un assèchement de la bouche, d'avoir les yeux rouges et d'éprouver de la panique ou même de la paranoïa lorsqu'on est sous l'effet de la marijuana. Elle est reconnue pour causer une forte dépendance psychologique. Plus on en fume, moins les effets nous semblent apparents et plus on a besoin d'en fumer pour s'évader de la réalité et ressentir les effets. Bien que le « pot » soit plus commun dans notre société, sache qu'il s'agit bel et bien d'une drogue, qu'elle a des impacts nocifs sur le cerveau et qu'elle entraîne une dépendance psychologique et parfois même physique. Par conséquent, tu dois t'efforcer de refuser d'en consommer lorsqu'on t'en offre et ne pas céder sous la pression ni par peur de perdre la face. Ne te gêne pas de dire que ça ne t'intéresse pas et de faire respecter tes choix.

Chapitre 3 :

Les complexes

À la puberté, ton corps se transforme et tu sens peut-être que tu n'as plus de contrôle sur tes formes. Il se peut que tu ne te reconnaisses plus et que tu développes des complexes, car tu as de la difficulté à t'accepter telle que tu es. De plus, les filles ont souvent la fâcheuse habitude de se comparer aux autres ou aux standards de beauté clichés et irréalistes des revues de mode. C'est normal de te sentir perturbée par tous ces changements. Ton corps devient celui d'une femme sans que tu y sois préparée mentalement. Tu dois t'accorder un peu de temps pour t'habituer à ces ajustements et surtout, tu dois apprendre à t'accepter et à t'aimer telle que tu es. Il ne faut pas en faire une obsession. Personne n'est parfait, alors aussi bien apprendre à vivre avec ton corps et te sentir bien dans ta peau. Tu peux apprendre à maîtriser tes complexes pour ne pas qu'ils deviennent un véritable handicap et qu'ils t'empêchent de te sentir en confiance.

Pour ce faire, tu dois être indulgente envers toi-même. Si tu te trouves trop maigre, tu peux faire du sport, changer ton alimentation et essayer de développer tes muscles, mais n'oublie pas que la puberté touche les filles à des moments différents et que si tu n'as pas de formes aujourd'hui, la nature fera bientôt son œuvre et ton corps se développera tôt ou tard. Si tu juges au contraire que tu as quelques livres à perdre, tu peux encore une fois faire du sport et t'alimenter mieux pour t'aider à te sentir bien dans ta peau, mais il se peut fort bien que tu mincisses naturellement au fil des années.

Pour t'aider à vaincre tes complexes, essaie de te concentrer sur les aspects positifs et fais une liste des attributs que tu aimes chez toi, des parties de ton corps que tu préfères et de tes plus grandes qualités. Tu peux ainsi apprendre à te mettre en valeur et à t'aimer davantage plutôt que de broyer du noir et de développer une faible estime de toi. Fais de même avec tes forces. Même si tu n'es pas super bonne en mathématiques, il y a sans doute des matières dans lesquelles tu excelles et des activités qui te passionnent, alors aussi bien te concentrer sur tes forces plutôt que sur tes faiblesses. Tu auras peut-être à travailler un peu plus fort dans certaines matières, mais c'est la vie ! Personne n'est parfait !

L'acceptation de soi

Les complexes sont directement liés à la confiance en soi. Si tu te concentres sur tes faiblesses, tes défauts et tes petits complexes physiques, tu développeras sans doute une faible estime de toi et tu auras peut-être même de la difficulté à te faire des amis et à te sentir épanouie. Les complexes se forment dans ta tête, alors c'est à toi d'apprendre à les contrôler et à banaliser les détails qui te plaisent moins. Quels que soient ta taille, ton poids ou ta silhouette, le mieux à faire est d'apprendre à t'apprécier telle que tu es, à te valoriser et à te concentrer sur tes qualités, tes forces et tes atouts. Si tu te sens bien dans ton corps et dans ta tête, les choses s'enchaîneront d'elles-mêmes. La beauté commence à l'intérieur, et si tu dégages de la confiance et de l'assurance, les gens auront envie de venir vers toi et d'apprendre à te connaître. Les choses changeront beaucoup au cours des années, alors ne désespère pas si tu sens que ton corps ne t'appartient plus. Donne-toi le temps de t'y faire et apprends à le mettre en valeur. Accepte-toi telle que tu es, et tu verras que tu te sentiras beaucoup mieux dans ton corps.

Quand j'ai changé d'école, je me suis inscrite à toutes sortes d'activités pour me faire de nouveaux amis et je me suis forcée à parler et à sourire aux gens. Les autres étaient plus enclins à me parler, et je me suis fait beaucoup d'amis !

Jade, 12 ans

Chapitre 4 :

La crise d'adolescence

Entre l'enfance et le monde adulte

Au moment de la puberté, les hormones se mettent de la partie pour transformer ton corps et te faire faire un pas de plus vers le monde adulte, mais il n'y a pas que ton apparence physique qui change ; tu deviens soudain plus curieuse à l'égard de ton entourage, des garçons, de ta sexualité, de tes désirs et de tes décisions. L'adolescence, c'est l'étape de transition entre l'enfance et le monde d'adulte, et ce qui complique la chose, c'est que tu te sens parfois coincée entre les deux. Tu regrettes un peu l'époque où tout te semblait simple et où tu n'avais pas de décisions à prendre, mais en même temps tu voudrais avoir plus d'indépendance et d'autonomie, car tu te sens beaucoup plus mature. C'est pour ces raisons que l'adolescence est une période à la fois merveilleuse et difficile. C'est fantastique parce que tu deviens beaucoup plus sensible aux choses qui t'entourent et parce que tu expérimentes toutes sortes de trucs. Ta personnalité se forme davantage tu découvres l'amour, la sexualité, tes passions, tes défauts, de nouvelles amitiés ; tu te sens prête à tout faire et à tout entreprendre. Tu as la vie devant toi et tu as l'embarras du choix ! D'un autre côté, tu te sens parfois perdue, car tu n'arrives pas toujours à te comprendre ou à bien saisir ce que tu veux. Tu ne te connais pas encore complètement et tu sens que tu es encore en train de forger ton caractère et de tester tes limites. Par conséquent, tu ne sais pas trop comment agir. Tu as des doutes, des inquiétudes et des questionnements que tu n'oses pas vraiment partager avec qui que ce soit parce que tu ne veux pas te faire juger, ce qui te mène à te sentir un peu seule au monde.

Beaucoup de jeunes filles qui traversent leur puberté se sentent ainsi incomprises et coincées entre deux mondes. Les plus jeunes sont trop immatures pour comprendre ce qui leur arrive, tandis que les adultes semblent dépassés par les événements et sont trop vieux pour saisir la complexité de la crise. L'adolescence, c'est une période de transition et de remises en question extrêmement intense, et c'est tout à fait normal de se sentir perdue, confuse et un peu seule dans ce tourbillon d'émotions.

Des fois, je sens que mes parents ne comprennent pas ce que je vis et qu'ils ne veulent rien entendre. C'est vraiment frustrant.

Julie-Claude, 10 ans

La crise d'adolescence : mythe ou réalité ?

Encore une fois, chaque fille traverse cette période à sa façon. Certains ados ont plus de difficulté à faire face aux changements que d'autres, et certaines filles traversent en plus des épreuves personnelles (échecs scolaires, abus, divorce des parents, peine d'amour) qui rendent l'adolescence encore plus ardue. La plupart des adolescents n'aiment pas l'expression « crise d'adolescence » parce qu'ils ont l'impression que c'est une invention des adultes pour rejeter le blâme sur eux ou pour justifier leurs comportements. Quoi qu'il en soit, tu dois savoir qu'il y a un fond de vérité dans ce phénomène. L'adolescence est une période de crise en ce sens que tu te sens chamboulée et que tu vis beaucoup de changements qui engendrent des questionnements et des bouleversements dans ton corps et dans ta tête. Tu peux changer d'humeur à tout moment et tu te poses des tonnes de questions auxquelles tu ne trouves aucune réponse. En résumé, tu te sens bouleversée, transformée et hypersensible, ce qui te mène à vivre beaucoup d'insécurité. Comment t'y retrouver et comment faire face à la crise ? Plutôt que de te renfermer sur toi-même, essaie de t'ouvrir davantage aux autres. Tu sens peut-être que tes parents s'y prennent mal et qu'ils ne comprennent rien à ce qui t'arrive, mais tu peux tout de même te confier à tes bonnes amies, à ta grande sœur ou à ton journal intime. Parfois le simple fait d'exprimer ce qu'on ressent nous aide à mieux comprendre ou à nous défaire d'un poids. Dis-toi aussi que même si tu te sens seule, toutes les filles du monde franchissent cette étape et que pratiquement tout le monde fait face à des incertitudes, des doutes et des questionnements. Rappelle-toi aussi que ce n'est qu'une période de transition et que les choses se stabiliseront tôt ou tard ; tu apprendras à mieux te connaître et tu découvriras peu à peu les réponses à tes questions. De plus, tu deviendras plus à l'aise dans ton corps, tu te familiariseras avec tes nouvelles formes et tu te sentiras par conséquent mieux dans ta peau. C'est normal de prendre du temps pour s'adapter aux changements, et c'est tout à fait compréhensible de se sentir perturbée quand on fait face à des bouleversements aussi intenses, alors tu dois commencer par accepter ce qui t'arrive et t'accorder du temps pour t'y faire. Même si c'est une « crise », il y a toutes sortes de choses positives qui se produisent et de super belles expériences à vivre, alors efforce-toi de te concentrer sur celles-ci et tu verras qu'un jour, tu te remémoreras cette période avec nostalgie. Pour l'instant, profite du moment présent et sois à l'écoute de tes sentiments et de tes désirs. Tu en apprendras beaucoup sur toi-même.

Les humeurs

Le dérèglement de tes hormones et tous les changements physiques et psychologiques que tu endures te font parfois sentir sur la corde raide. C'est normal d'avoir des sautes d'humeur de temps à autre, de te sentir renfrognée et de te refermer un peu plus sur toi-même, alors ne te décourage pas ! Au fil du temps, les choses se stabiliseront et tu te sentiras mieux dans ta peau. En attendant, efforce-toi de te changer les idées quand tu ne te sens pas dans ton assiette. Fais une promenade, regarde un peu de télé, lis un livre ou un magazine, prends un bain, écris dans ton journal, fais du sport ou trouve une autre activité qui te permet de faire le vide et de relaxer. C'est super important de t'accorder du temps de qualité et de respirer un bon coup !

DANS MA GANG, JE ME SENS SOUVENT JUGÉE ET J'AI L'IMPRESSION DE NE PAS ÊTRE MOI-MÊME.

LAURIE, 9 ANS

Les amis

Il se peut aussi qu'en vieillissant, tu t'éloignes de certains amis, car tu trouves que vous n'avez plus rien à vous dire et que vous n'avez plus les mêmes affinités. Tu es en train de façonner ta personnalité et il est fort possible que tes intérêts changent en cours de route et que tu te rapproches de gens qui te ressemblent davantage. L'important, c'est de t'entourer de gens qui t'aiment pour ce tu es, qui t'acceptent, qui te respectent et qui te font sentir bien dans ta peau. Tu n'as pas à jouer un rôle quand tu es avec de vrais amis ; tu peux être toi-même. N'aie pas peur de t'ouvrir aux autres et d'élargir tes horizons sans te fier aux apparences, et surtout, aie confiance en toi !

Les garçons

Ce n'est pas toujours facile d'être amie avec un garçon, mais il se peut très bien que tu développes de belles relations et que tu t'amuses avec eux sans te préoccuper des apparences. Si tu éprouves des sentiments pour un garçon, n'aie pas peur de foncer et d'être honnête. On a souvent peur de l'échec et du rejet, mais parfois, mieux vaut en avoir le cœur net plutôt que d'entretenir des doutes ou un amour secret qui nous fait mal et qui nous empêche d'aller de l'avant. Les garçons ne sont pas aussi compliqués que tu le crois, alors ne crains pas d'être toi-même quand tu leur parles. L'important, c'est d'avoir confiance en toi. Si les garçons ne t'intéressent pas encore, il n'y a absolument rien

de mal à cela. Tu as toute la vie pour tomber amoureuse, alors va à ton propre rythme !

Les parents

La relation avec les parents devient souvent un peu turbulente au cours de la puberté. Tu te sens plus responsable, plus autonome et moins dépendante d'eux, mais tu n'es pas encore une adulte et tes parents sentent encore le besoin de te protéger et de t'orienter vers ce qu'il y a de mieux pour toi à leurs yeux. Ils t'aiment et le font pour ton bien, même si ça t'exaspère. Dis-toi que tu es encore bien jeune et qu'avec le temps, ils apprendront à s'y faire et ils t'accorderont plus de liberté. En attendant, évite de couper les ponts et de les exclure de ta vie. La meilleure chose à faire pour leur prouver que tu es responsable, c'est de discuter avec eux et de faire valoir tes

points de façon mature. Efforce-toi aussi d'écouter ce qu'ils ont à te dire. Ce n'est pas facile pour des parents de voir leur petite fille grandir et devenir une femme, et contrairement à ce que tu crois, ils n'agissent pas ainsi pour te rendre la vie impossible, mais plutôt parce qu'ils t'aiment plus que tout au monde.

Chapitre 5 :

La sexualité

Tous les changements physiologiques que tu vis au cours de la puberté préparent ton corps pour avoir des bébés lorsque tu seras plus grande. Le corps est souvent prêt avant la tête, et tu as peut-être encore des tonnes de questions concernant la sexualité et tout ce qui mène aux relations sexuelles. Ce chapitre est conçu pour répondre à tes doutes et t'aider à mieux gérer ta sexualité.

Le désir

À la puberté, les hormones et les changements anatomiques que tu connais ont une influence sur toi. Tu réalises que tu commences à éprouver du désir sexuel pour les autres, ce qui provoque des réactions physiques assez fortes. Par exemple, quand tu vois le garçon qui te plaît, tu ressens des picotements dans le bas du ventre, des papillons dans l'estomac et tu sens ton cœur qui se serre à l'intérieur de ta poitrine. Au point de vue physiologique, il se peut que ton sexe devienne humide et lubrifié, que tes mamelons se dressent et que ton clitoris se durcisse.

Le désir et l'amour

Il ne faut toutefois pas confondre l'amour et le désir. Si tu es attirée physiquement par un garçon, ça ne veut pas toujours dire que tu es amoureuse de lui. L'amour va au-delà de la simple attirance physique puisque tu penses toujours à l'autre, que ton cœur s'emballe quand tu le vois, que tu as la tête dans les nuages et que tu te sens connectée à lui. C'est un sentiment affectif intense qui vient du cœur et qui fait en sorte que tu éprouves de l'attirance pour l'autre et que tu te sens prête à tout pour être à ses côtés.

L'hétérosexualité et l'homosexualité

L'hétérosexualité, c'est quand on éprouve de l'attirance pour quelqu'un du sexe opposé, et l'homosexualité, c'est quand on éprouve du désir pour quelqu'un du même sexe. Il se peut toutefois qu'au moment de la puberté, tu éprouves du désir ou une forte admiration pour une autre fille, ce qui ne veut pas dire que tu sois homosexuelle. Beaucoup de jeunes filles éprouvent parfois ce type d'attirance à l'adolescence. Tu es curieuse et ta sexualité est en pleine floraison, alors c'est tout à fait normal. C'est en vieillissant que ton orientation sexuelle se concrétisera. Quoi qu'il en soit, n'aie pas honte de tes choix, car ils font partie de ton identité.

Le premier baiser

C'est souvent à l'âge de la puberté qu'on expérimente le premier baiser. Beaucoup de jeunes filles se rongent les sangs à ce sujet, car elles ont peur de ne pas être à la hauteur. Si tu écoutes ton cœur et que tu te sens amoureuse, tout se déroulera comme sur des roulettes. Il est préférable que tu aies ton premier baiser avec quelqu'un que tu aimes ou qui te plaît beaucoup et qui te respecte pour te sentir bien à l'aise. De plus, tu dois te sentir prête mentalement et tu dois avoir envie de le faire. Ne franchis pas cette étape pour faire plaisir à quelqu'un ou pour faire comme les autres. Si tu veux que ce soit magique, attends d'être à l'aise avec quelqu'un que tu trouves de ton goût et laisse-toi aller sur le moment. Il se peut que tu trouves ça bizarre comme sensation au début et que tu ne te sentes pas super à l'aise ou que tu sentes que tu fais tout de travers, mais ne t'en fais pas, tout s'arrangera avec le temps, et ton amoureux et toi apprendrez à développer une technique qui vous convient et qui vous est propre. Sur le coup, tu n'as qu'à te détendre, faire le vide et te laisser guider par ton cœur.

Je n'ai jamais embrassé de garçon et j'ai peur d'être maladroite la première fois.

Gabrielle, 9 ans

Les relations sexuelles

Avant une relation sexuelle, le pénis de l'homme devient tout dur, on appelle ça une érection, tandis que le vagin de la femme se lubrifie en réaction au désir qu'elle éprouve. L'homme fait pénétrer son pénis dans le vagin de la femme. Au bout d'un certain temps, il éjacule du sperme, qui contient des millions de petits spermatozoïdes. Ce sont eux qui se rendent jusqu'aux trompes de Fallope afin d'y rencontrer un ovule et de le féconder. Si un spermatozoïde parvient à pénétrer à l'intérieur d'un ovule, un bébé pourra se développer.

La première fois

Bien que les relations sexuelles permettent de faire des bébés, il s'agit aussi d'un moment intime entre deux partenaires qui veulent partager leur amour. C'est pour cette raison qu'on

appelle ça « faire l'amour ». La première relation sexuelle est un moment très important dans ta vie, et il se peut que ton corps y soit préparé avant ta tête. En d'autres mots, tu peux avoir tes règles et te sentir mature physiquement sans être nécessairement prête à franchir cette étape. C'est pour cette raison que tu dois attendre d'en avoir vraiment envie et écouter ton cœur, ta tête et ton corps avant de prendre une telle décision. Ne fais pas l'amour pour faire plaisir à un garçon ou simplement parce qu'il fait pression sur toi. C'est important d'être avec quelqu'un qui te respecte et qui est prêt à t'attendre. Tu dois écouter ton corps et aller à ton propre rythme. Si ton partenaire t'aime et te respecte, il saura attendre sans te mettre de pression. Sinon, c'est qu'il n'en vaut pas la peine.

De plus, il y a toutes sortes d'étapes à franchir avant d'en arriver à la première relation sexuelle. Vous pouvez prendre le temps de vous familiariser l'un avec l'autre et apprendre à vous connaître. Tu peux commencer par les baisers, puis les caresses pour explorer ton corps et celui de l'autre. Ces premiers pas vers la relation sexuelle sont appelés des préliminaires.

Il est préférable que tu te sentes proche et amoureuse du garçon, car ça rend le moment encore plus spécial. Une relation sexuelle est un rapport très intime où tu te dévoiles et t'offres à l'autre, et vice-versa. Ce n'est pas seulement une relation physique qui t'unit à ton partenaire, mais c'est aussi un lien émotif à partir duquel vous pourrez établir une connexion intense et apprendre à vous connaître davantage.

Il se peut que tes premières relations sexuelles soient douloureuses, ou même que tu aies des saignements si ton hymen n'est pas assez souple ou qu'il n'est pas encore déchiré.

Il ne faut pas t'en faire puisque ça arrive à beaucoup de filles.

La contraception

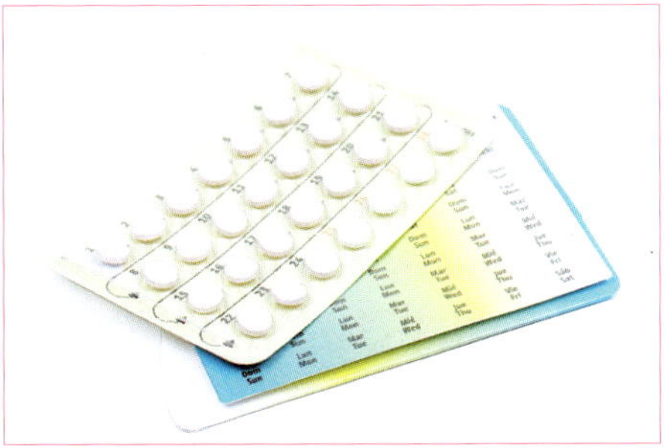

Les moyens utilisés pour éviter de tomber enceinte lors d'une relation sexuelle sont appelés moyens contraceptifs ou de contraception. Le moyen de contraception le plus commun est le condom (préservatif). Il s'agit d'une enveloppe en latex qui s'enfile sur le pénis avant de pénétrer dans le vagin et qui sert à recueillir le sperme pour ne pas qu'il s'introduise dans le vagin de la femme. Le condom sert aussi à protéger contre les infections transmissibles sexuellement (ITS). Si on ne se protège pas et qu'on a une infection des organes génitaux, on risque de la transmettre à notre partenaire. Certaines ITS se guérissent avec des médicaments, mais d'autres comme l'hépatite et le SIDA sont beaucoup plus graves et peuvent entraîner la mort. Il est donc très important de mettre un préservatif lorsqu'on a une relation sexuelle.

J'ÉTAIS CURIEUSE DE SAVOIR COMMENT FONCTIONNAIT UN CONDOM, ALORS J'EN AI OUVERT UN EN CACHETTE, ET MAINTENANT JE COMPRENDS MIEUX COMMENT ÇA FONCTIONNE !

MARILOU, 13 ANS

La masturbation

La masturbation, c'est quand on se caresse les parties génitales pour avoir du plaisir. Les muscles à l'intérieur de ton bassin se contractent, et il se peut qu'une sensation de plaisir extrême te parcoure le corps. C'est ce qu'on appelle un orgasme. Il est tout à fait normal de se masturber. La plupart des gens ne l'avouent pas ou en font un sujet tabou, mais pratiquement toutes les filles le font. C'est une façon saine d'apprendre à découvrir ton corps et d'explorer ta sexualité.

Le harcèlement et l'intimidation

Le harcèlement, c'est quand une ou plusieurs personnes s'en prennent gratuitement à toi pour t'embêter et te rendre la vie impossible. Qu'il s'agisse d'attaques physiques ou verbales, ils cherchent à t'intimider, à t'insulter ou à abuser de toi, ce qui peut avoir des conséquences catastrophiques pour toi. Non seulement tu as peur de fréquenter certains endroits, mais l'intimidation a aussi un impact grave sur ton estime personnelle et ta confiance.

Plusieurs facteurs peuvent pousser des gens à pratiquer le harcèlement. Certains cherchent à se venger d'épreuves passées, ou éprouvent le simple besoin de jouer aux durs devant les amis et de se sentir supérieurs aux autres. Les jeunes se laissent parfois dominer par leurs hormones ou par tout ce qu'ils entendent et finissent par développer des comportements agressifs, sexistes ou racistes.

Il existe divers types de harcèlement. Il y a le harcèlement physique où un ou plusieurs individus en attaquent un autre pour le blesser et lui faire mal, le harcèlement verbal où l'attaquant utilisera les injures pour attaquer et intimider l'autre, et le harcèlement sexuel comme les attouchements, les allusions sexuelles déplacées, et parfois même le viol. L'intimidation peut aussi se faire par l'intermédiaire de courriels ou d'appels téléphoniques.

Quoi qu'il en soit, personne n'a le droit de te traiter de la sorte, et il est extrêmement important de dénoncer tes attaquants. La peur et la honte paralysent souvent les victimes et les empêchent de parler, mais tu dois parler pour que la situation change. Discutes-en avec un responsable, un parent, un professeur ou une personne de confiance, mais ne te laisse pas abattre par les menaces et l'intimidation. Ce sont les attaquants qui sont dans le tort, et tu te dois de réagir !

J'ai une amie qui se fait toujours intimider à l'école, alors j'en ai parlé à mes parents qui l'ont dit au directeur, car mon amie avait trop peur de dénoncer ses agresseurs. Elle était contente que j'intervienne, car les choses se sont réglées grâce à ça.

Camille, 10 ans

En résumé

Voici quelques informations qui sauront te rassurer :

- **On ne peut pas tomber enceinte en embrassant quelqu'un.**

- **C'est tout à fait normal d'avoir des pensées sexuelles et des rêves érotiques.**

- **Il est tout à fait naturel de se masturber.**

- **La masturbation ne fait pas mal.**

- **Il n'y a pas de recette magique pour bien embrasser ; il faut se laisser aller sur le moment, et le reste s'ajuste avec le temps.**

- **Ce n'est pas parce que tu trouves une fille jolie que tu es une lesbienne.**

- **C'est normal de ne pas se sentir prête à embrasser un garçon ou à lui faire des caresses. Tu dois écouter ton corps et te faire respecter avant tout. Chaque fille évolue à son propre rythme.**

- **Ce n'est pas normal de te sentir forcée d'avoir des rapports sexuels ou de subir du chantage émotif, physique ou de te faire intimider par un garçon. Tu dois dénoncer les actes irrespectueux.**

Chapitre 6 :

Vrai ou faux

1. **La puberté survient après l'adolescence.**

Vrai ○ Faux ○

2. **La puberté peut s'étendre sur plusieurs années.**

Vrai ○ Faux ○

3. **L'hypothèse est une glande située à la base du cerveau.**

Vrai ○ Faux ○

4. **Il est normal que des poils apparaissent sur tes jambes, ton pubis et tes aisselles lors de la puberté.**

Vrai ○ Faux ○

5. **L'appareil reproducteur des femmes est composé de deux ovaires, de deux trompes de Fallope et d'un utérus.**

Vrai ○ Faux ○

6. **Le bébé se développe dans la trompe de Fallope.**

Vrai ○ Faux ○

7. **Les seins servent à produire le lait maternel.**

Vrai ○ Faux ○

8 Les vergetures sont de petites stries blanches qui se forment lorsque la peau s'étire.

Vrai ○ Faux ○

9 Il paraît que 30 % des femmes ne portent pas la bonne taille de soutien-gorge.

Vrai ○ Faux ○

10 Le cycle menstruel dure environ 28 jours.

Vrai ○ Faux ○

11 SPM veut dire symptômes des premières menstruations.

Vrai ○ Faux ○

12 Il faut changer souvent sa serviette hygiénique ou son tampon pour éviter que des bactéries vaginales se forment et provoquent une infection.

Vrai ○ Faux ○

13 Il est conseillé de se laver les cheveux tous les jours.

Vrai ○ Faux ○

14 **À la puberté, tu commences à transpirer beaucoup plus qu'avant.**

Vrai ○ Faux ○

15 **Les organes génitaux possèdent plusieurs glandes sudoripares.**

Vrai ○ Faux ○

16 **L'acné juvénile est principalement due à une surproduction de sébum.**

Vrai ○ Faux ○

17 **Le fait de boire de l'eau est non seulement bon pour la santé, mais il t'aide aussi à avoir une peau en santé.**

Vrai ○ Faux ○

18 **La cellulite est souvent appelée peau de banane.**

Vrai ○ Faux ○

19 **Selon le Guide alimentaire canadien, les jeunes filles ont besoin de consommer environ 2 000 calories par jour pour fonctionner à plein régime.**

Vrai ○ Faux ○

20 **Il est conseillé de consommer très peu de fruits et de légumes.**

Vrai ○ Faux ○

21 **L'anorexie et la boulimie sont les deux troubles alimentaires les plus fréquents à l'adolescence.**

Vrai ○ Faux ○

22 **La boulimie est un besoin incontrôlable de manger qui s'accompagne de comportements inappropriés et excessifs pour ne pas prendre de poids, comme se faire vomir.**

Vrai ○ Faux ○

23 **Le sport permet non seulement de se mettre en forme, mais aussi de se défouler !**

Vrai ○ Faux ○

24 **Les jeunes de 8 à 15 ans ont besoin de dormir en moyenne de 5 à 7 heures par nuit pour fonctionner à plein régime.**

Vrai ○ Faux ○

25 **L'usage du tabac augmente seulement les chances de déve-lopper un cancer du poumon.**

Vrai ○ Faux ○

26 **Les drogues ont un impact sur le cerveau et peuvent entraîner des séquelles à long terme.**

Vrai ○ Faux ○

27 **Si on développe une bonne image de soi-même, on a tendance à avoir un regard plus positif sur les choses.**

Vrai ○ Faux ○

28 **Les filles vivent toutes la puberté de la même façon.**

Vrai ○ Faux ○

29 **Les moyens de contraception servent à éviter de tomber enceinte lors d'une relation sexuelle.**

Vrai ○ Faux ○

30 **Le condom est le seul moyen de contraception qui protège contre les infections transmissibles sexuellement (ITS).**

Vrai ○ Faux ○

Réponses :

1- Faux
2- Vrai
3- Faux
4- Vrai
5- Vrai
6- Faux
7- Vrai
8- Vrai
9- Faux
10- Vrai
11- Faux
12- Vrai
13- Faux
14- Vrai
15- Vrai.
16- Vrai
17- Vrai
18- Faux
19- Vrai
20- Faux
21- Vrai
22- Vrai
23- Vrai
24- Faux
25- Faux
26- Vrai
27- Vrai
28- Faux
29- Vrai
30- Vrai

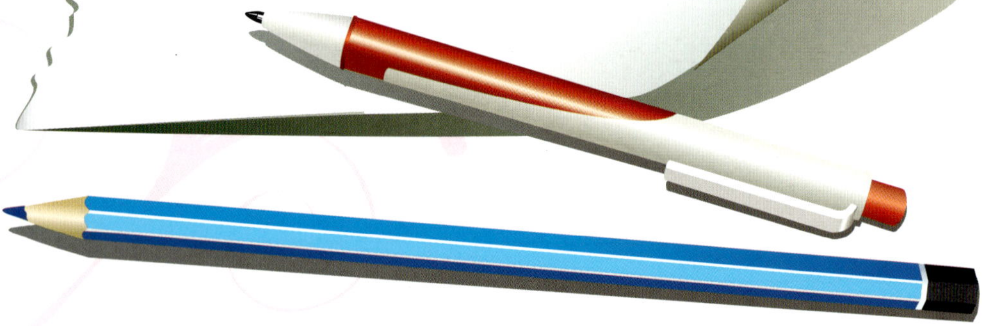

Notes :

Notes :

Notes :